알고리즘의 정치학

알고리즘의 정치학

한국정치학회 엮음

박성원·윤종빈·황성수·은종환·고선규·김상배 지음

인간사랑

이 책의 연구는 2019년 한국정치학회 학술연구지원금으로 이루어졌음을 밝힙니다.

펴내는 말

한국정치학회는 지난 수십 년간 놀라운 양적인 성장을 거듭해 왔습니다. 회원 수는 2천 명을 넘어섰고, 수많은 학술회의를 개최하고 2년마다 전 세계 수십 개 국가의 정치학자들이 참가하는 한국정치 세계학술대회를 열고 있습니다. 하지만 외형적 성장에 비추어 학술 논의의 장으로서의 정치학회의 위상은 정체되거나 뒷걸음질 쳐왔습니다. 회원 수가 많이 늘어나고 회원들의 학문적 관심이 다양해지면서, 한국정치학회가 연구 질문과 성과가 가장 먼저 가장 깊게 공유되는 마당으로서의 역할은 위축되어 왔습니다.

이에 2019년 한국정치학회는 여러 회원님들과의 논의 끝에 두 권의 학술 단행본을 발간하게 되었습니다. 이 책『알고리즘의 정치학』과『세계화 3.0과 국내정치』가 10여 분의 회원님들의 참여로 탄생하게 되었습니다.

『알고리즘의 정치학』,『세계화 3.0과 국내정치』가 한국정치학이 마주한 연구 질문의 새로운 과제를 대표하지는 못할 것입니다. 다만 변화하는 현실을 마주하면서 엄밀하고 체계적인 방법을 통해서 연구 질문을 새로이 설정하고 이를 궁구하는 10여 분의 회원님들의 집합적 노력을 담아보았다는 데에 의미를 두고자 합니다. 사실 거의 모든 분야에서 깊이 있는 논의는 여러 전공분야별 학회, 연구 소모임, 민간, 공공연구소에서 수행하고 있는 현실을 잘 알고 있습니다. 다만 한국정치학회는 점차 옅어져 가고 있는 여러 전공분야 회원님들 간의 대화의 마당을 제공해보려 합니다. 이번 단행본 출간을 이러한 노력의 하니로 보아주십시오.

단행본의 주제를 선정하고, 협력연구를 이끌어 주신 이승주(중앙대), 이원태(한국인터넷진흥원) 두 분과 공들인 원고를 보내주신 필진 여러분께 깊은 감사를 드립니다.

제48대 한국정치학회장 장훈

차례

펴내는 말 – 장훈   5

1장 인공지능 시대와 정치적 인간의 미래 – 박성원   9

2장 알고리즘 민주주의: 가능성과 한계 – 윤종빈   37

3장 인공지능 거버넌스: 자동화된 알고리즘을 어떻게
      govern해야 하는가? – 황성수·은종환   63

4장 인공지능시대 정치과정의 변화: AI후보자의
      선거출마와 AI 정책결정이 가져온 변화 – 고선규   111

5장 AI알고리즘 패권경쟁의 세계정치: 기술-표준-규범의
      3차원 경쟁 – 김상배   150

1장 인공지능 시대와 정치적 인간의 미래

박성원(국회미래연구원 혁신성장그룹장, 미래학)

I. 서론: 먼 미래 예측의 명분

이 글은 인공지능 시대에 정치적 인간의 미래를 예측하려고 한다. 시대라는 단어 앞에 '인공지능'을 붙인 이유는 인공지능기술이 인류사에 미치는 영향이 매우 크고 다양하며 다각적이기 때문이다. 이 글은 인공지능이 인간의 생존과 번영에 영향을 미치는 지적존재로 간주한다.

물론, 우리 사회의 지배적인 견해는 인공지능을 인간의 의사결정을 돕는 똑똑한 기술 정도로 본다. 이렇게만 정의해도 인공지능기술이 가야 할 길은 아직 멀다. 사실 인공지능을 인간처럼 생각하도록 훈련시켜 줄 데이터의 공급이 이제 막 시작되어 인공지능이 어떤 존재로 나아갈지 예단하기가 매우 어렵다.

그런데도 이 글에서 인공지능이 인간의 지능만큼 성장할 것이라 상상하고, 심지어 그 미래에 정치적 인간의 미래상(象)까지 헤아려보 겠다는 것은 무리한 시도가 아닐 수 없다. 이처럼 무리한 시도에도 의미는 있을까.

먼 미래를 예측하려는 이유는 기술적 가능성보다는 사회 구성 원이 추구하는 규범성(normativity)을 좀 더 분명히 이해하고 싶기 때 문이다. 달리 말해, 한 사회가 도달하려는 목적지가 어떤 곳인지 파 악하려면 좀 더 장기적 시각에서 미래를 전망해야 한다.

규범적 미래는 미래학에서 선호미래(preferable future)라 부른다. 선호미래상이 분명한 사회는 예측가능성이 높은 사회다. 예를 들어 보자. 서울에 사는 정욱 씨가 여름 휴가를 맞아 넓고 푸른 바다와 백사장이 있는 부산 해운대로 출발하려고 한다. 이런 사실을 알고 있는 우리는 대략 5시간 뒤면 정욱 씨가 어디에 가 있을지 예측할 수 있다. 그러나 그가 1시간이나 2시간 뒤에 어느 곳에 있을지는 예측하 기 어렵다. 그가 KTX를 탔는지, 고속버스를 탔는지, 자신의 차로 이 동하는지에 따라 이동경로가 달라지기 때문이다. 그러나 선호하는 목적지가 분명하면 단기적 예측은 힘들어도 장기적 예측은 가능 하다.

장기적 시각에서 지금의 기술발전 추세라면 인공지능은 인간의 지능만큼 뛰어난 성능을 갖출 것이다. 혹자는 인간의 지능을 뛰어넘 을 것이라고 하지만 이런 상상은 아직 시기상조이며 별 쓸모도 없다. 인간을 뛰어넘는다는 것이 무엇을 의미하는지 매우 불분명하고, 만약 뛰어넘는다면 그건 우리의 지능으로 이해할 수 없는 수준이기 때문에 논의 자체가 무의미하다(인류의 멸망에서 무엇을 얘기할 수 있겠는가).

따라서 너무 먼 미래까지 가지 말고, 인공지능이 인간처럼 거의 동등한 능력의 지능적 존재로서 어려운 문제를 함께 풀어나가는 시대로 상상의 범위를 한정하자. 이 미래에 인간은 어떤 문제를 정치적 문제로 간주할 것이며, 정치적 문제를 어떤 방식으로 풀어갈 것인지 예상해보는 것이 이 글의 목적이다. 이런저런 예상을 하다 보면 정치적 인간이 인공지능을 통해 원하는 미래상이 무엇인지 어렴풋하게 보일지 모른다.

II. 정치적 인간과 정치적 문제

이 글이 정치적 인간(political person)의 미래를 예측한다고 했을 때, 정치적이란 어떤 의미인지 정의할 필요가 있다. 사전적 의미에서 '정치적'은 정부(government)나 공공(public)의 일과 연관된 것이다. 이런 의미에서 경제적 인간과 달리 정치적 인간은 사적인 영역이 아닌 공적인 영역의 일을 다루는 인간을 말한다.

공적인 일을 다루는 정치적 인간은 이기적인 타인들과 평화로운 공존을 모색하고 이를 통해 공동체적 삶을 이어나가도록 노력한다. 칸트에게 정치는 법이나 도덕과 달리 자신의 이익만 꾀하는 사람들과 다투지 않고 평온한 공동체를 만들어가는 활동이다(정호원, 2016).

모든 인간은 이기적인 속성을 지니고 있다. 이 속성을 약화시키면서 협업할 수 있는 공동체를 만들고 유지하자면 보편적인 법이 필요하다. 누구라도 공동체의 존속을 헤치려고 한다면 법으로 저지해야 한다. 이런 행위가 정치적 행위다. 정치적 인간은 정치적 행위를 통해 국가를 유지하는 보편적인 법칙을 만들고, "인간으로서의 자유, 시민으로서의 평등, 공동의 법칙에 예외 없는 적용, 행정권과 입법권의 분리 및 대의체제의 확립" 등을 이뤄나가려고 노력한다(정호원, 2016).

정치적 인간이 다룰 정치적 문제는 어떻게 정의하고 도출할 수 있을까. 정치적 문제는 시대에 따라 달라질 수밖에 없다. 정치적 문제는 당대의 사회 구성원들이 공동체 유지에서 가장 중요하다고 스스로 판단한 문제다. 이런 이유로 정치적 문제는 시대적 상황과 물리적 조건, 문화적 맥락에 따라 끊임없이 변환되는 과정을 겪는다. 정치적 문제는 "공동체의 형성, 즉 공동체 구성원의 공존양식에 대한 공동체 구성원의 적극적인 고민으로부터 형성"되기 때문이다(홍태영, 2016).

정치적 인간에게 공동체의 존속은 매우 중요한 정치적 과제다. 모든 국가의 시민은 정치적이어야 한다고 주장하는 헤겔은 한 개인이 자기를 넘어 공동체에 관심을 갖는 것은 확장된 자기 이해의 과정이라고 주장한다(백송이, 2016). 자신의 생존은 공동체와의 상호작용을 떼어놓으면 가능하지 않다. 이런 이유로 모든 인간은 사적영역뿐 아니라 공적영역에도 관심과 유지의 노력을 쏟아야 한다.

사적영역에서 공적영역으로의 경계 확장은 정치적 인간을 등장시키는 동인이다. 정치적 인간에게 무엇보다 중요한 것은 "공적인 사안이 자신의 삶에서 어떤 의미를 갖는지, 어떻게 표현되고 있는지를 파악함으로써 세계와 자신만의 연결고리를 찾아내고 필요하다면 자신의 의사를 표현"해야 한다(백송이, 2016).

정치적 문제를 집약하고, 개인의 정치적 의사를 대변하는 정당의 존재는 공동체를 유지하는 데 필요하다. 정당은 이기적 개인들이 모여 사는 공동체를 평화롭게 유지할 수 있는 정치적 의제를 도출하고 대안을 조직하는 곳이다. 정당은 정치적 인간의 결사체이며 정치적 문제를 생산한다. 정당은 선거를 통해 대안을 심판받고 국민의 선택을 받으면 그 대안을 실현해야 한다. 따라서 모든 선거는 정치적 문제에 대한 대안을 놓고 각 정당이 치열하게 경쟁하는 기회의 장이다. 때로 정당이 제 기능을 하지 못할 때, 정치적 시민들은 정당을 통하지 않고 시위나 가두투쟁을 통해 직접적으로 정치적 의사를 드러낸다(Kim, 2000).

지금까지의 논의를 인공지능 시대에서 정치적 인간이라는 주제와 연결하면, 공동체를 형성하는 구성원으로서 인공지능을 포함해야 하는지, 포함한다면 인공지능과 함께 논의할 정치적 문제는 무엇이며 어떤 조직(정당)과 정치적 과정을 거쳐 우선순위 문제를 정해야 하는지, 이 과정에서 어떤 갈등이 발생할 것인지, 갈등은 어떤 원칙으로 풀어야 하는지, 이를 통해 인공지능과 인간이 평화로운 공동체를 유지하고 발전시킬 수 있는지 등이 논의의 주제가 된다.

III. 인공지능의 현재와 미래

근대 이후 인간에 대한 정의는 지능을 갖춘 존재를 의미한다. 백종현 외(2017)는 인간만큼의 지능을 갖춘 존재가 등장한다면 그 존재를 인간이 아니라고 말할 수 없다고 주장한다. 만일 미래에 인간만큼의 지능을 갖춘 인공지능이 등장한다면 인간은 이 존재를 인간처럼 대접하고 더 나아가 공적인 영역의 일을 함께 상의할 것이다.

한국정보화진흥원(2019)은 2018년 12월 일반 국민 1000명, 그리고 IT와 비(非)IT 분야 전문가 400명을 대상으로 조사한 결과, 국민 64.5%와 전문가 56.8%가 2030년에 인공지능이 인간 못지않거나 인간을 넘어서는 수준으로 발전할 것으로 응답했다. 구글의 수석 엔지니어이자 『특이점이 온다』의 저자인 레이 커즈웨일이 2040년경 인간 수준의 인공지능이 등장할 것으로 예견한 지능 폭발(인공지능이 인간의 지능을 능가하는 지점)에 대해 국민과 전문가의 절반 이상이 가능하다고 본 것이다.

현재의 인공지능 기술 수준은 기억과 학습의 측면에서 매우 빠른 진보를 보여주고 있다. 그러나 인간의 지능과 견주어 보면 여전히 뒤처져 있다. 인공지능이 인간의 지능 수준까지 따라올 수 있을까. 이 질문에 답하려면 인간의 지능이란 무엇인지 정의해야 한다.

영어사전에서 지능은 "배우거나 이해하는 능력, 새로운 것이나 어려움을 다루는 능력(the ability to learn or understand or to deal with new or trying situations)" 또는 "자신의 환경을 바꾸기 위해 지식을 적용하는 능력, 추상적으로 사고하는 능력"(the ability to apply knowledge to manipulate one's environment or to think abstractly)으로 정의한다(메리엄 웹스터 사전). 이 정도의 정의만으로는 인간의 지능을 제대로 대변하지 못한다.

인공지능 관련 학술대회에서는 종종 인공지능이 아닌, '인간의 지능'을 정의하려는 전문가들의 발제가 등장한다. Legg & Hutter(2007)는 인공지능을 연구한 연구자들에게 수년 동안 지능의 정의를 물어 이를 정리해 발표했다. 이들이 발견한 정의에서 눈에 띄는 것은 "복잡하고 예측이 안 되는 환경에서도 목적한 바를 이루는 능력" 또는 "예전보다 더 나아지는 능력" 등이다. 앞서 사전적 정의를 넘어 이들은 예측이 안 되어도 목적을 이루는 능력, 어떤 조건에서도 더 나아지는 능력을 지능이라고 설명한 것이 인상적이다.

미국의 인공지능 연구단체 MIRI(Machine Intelligence Research Institute)는 지능을 이렇게 정의한다: 변화의 주체가 다양한 환경에서도 목표를 성취하는 능력(an agent's ability to achieve goals in a wide range of environments) 그리고 효과적인 학제 간 최적화(efficient cross-domain optimization)를 이룰 수 있는 능력.[1] MIRI는 인간의 지능을 일률적으로 정의하기 어려우니 너무 정의에 매달리지 말자고 주장한다. 대략적인 정의를 놓고 인공지능을 연구하다 보면 지금은 잘 모르지만 더 나은 인간의 지능에 대한 정의에 도달하고, 그에 따라 기술도 진보할 것이라고 주장한다.

---

1   인용출처: https://intelligence.org/2013/06/19/what-is-intelligence-2/.

미국 버클리대학 교수 스튜어트 러셀과 구글 엔지니어 피터 노빅은 '인공지능, 현대적 접근 방식'의 서문에서 "수천 년 동안 인류는 **우리는 어떻게 생각하는가를**, 다시 말해 유기물 덩어리인 인간이 어떻게 자신보다 훨씬 큰 세상을 인식하고, 이해하고, 예측하고 조정할 수 있는지를 이해하려 노력했다. **인공지능**(artificial intelligence, AI)이라는 분야는 거기에서 더 나아가서, 지능을 단지 이해하려는 것이 아니라 지능적인 실체를 실제로 **구축**(build)하려고 한다"고 썼다(레셀 & 노빅, 2016a:1, 볼드체 원문).

이들은 인간의 지능을 '자신'의 존재를 인식하면서 자신보다 더 큰 세상을 인식하고, 이해하고, 예측하는 능력으로 정의한다. 만일 인공지능이 인간의 지능을 닮았다고 주장한다면, 인공지능도 스스로 자신을 인식하고, 자신보다 더 넓은 세계를 인식, 이해, 예측, 조작하려고 해야 한다. 인공지능이 환경의 인식, 이해, 예측, 조작의 측면에서 어떤 기술적 수준까지 도달했는지, 한계는 무엇인지 살펴보자(인공지능 기술은 하루가 멀다하고 발전하고 있으니, 이 책이 출간될 즈음에는 여기에 소개한 기술에서 한참 더 나아갔을 것이다).

환경 인식

인공지능은 감지 장치들을 통해 주변의 환경을 지각한다. 예컨대 인공지능 청소로봇은 주변의 환경을 지각하면서 쓰레기를 확인하고, 이를 흡수한다. 이러한 가사지원 로봇은 가정에서 인간과 함께 생활하며 설거지나 빨래도 하고, 음식 조리, 심부름도 해낸다. 이런 일을 수행하자면 환경에 대한 지각 기능은 필수다.

인공지능의 지각 기능을 담당하는 감지기로는 카메라, 온도, 압력, 음성인식기 등을 들 수 있다. 이런 감지기를 통해 인공지능은 환경을 지각하고 필요한 동작이 무엇인지 판단한다. 그러나 인간에게 쉬운 환경 지각은 인공지능에게 매우 어려운 과제다. 인간은 직감으로 주변의 환경이 위협적인지 우호적인지 판단할 수 있으며, 처음 접하거나 부분적으로 이해되는 환경에서도 다양한 지능을 발휘해 미지의 환경을 기지의 환경으로 전환한다.

환경 이해

인공지능은 세계의 변화에 관한 문장들을 수집, 저장하고 추리 메커니즘을 통해 새로운 문장을 만들어낼 수 있다. 또한 그 문장들을 이용해 다음 동작을 결정한다(레셀 & 노빅, 2016b).

추리능력은 기존의 문장들에서 새로운 문장을 이끌어내는 능력을 말한다. 구글의 자회사 딥마인드는 관계형 추론 기능을 구현하는 인공지능을 개발하면서 서로 다른 소재나 형태의 사물을 지각하고 이들의 관계를 추론하도록 했다(구본권, 2017). 그 결과 사람의 응답률이 92.5%인데 비해 인공지능은 95.5%의 응답률을 보였다. 관계를 추론할 수 있다면 자신을 둘러싼 환경을 이해하고 환경이 어떻게 작동하는지 파악할 수 있다.

이런 추리능력을 활용해 인공지능은 소설을 쓰는 단계로 나아가고 있다. 일본 하코다테 마쓰바라 진 교수 연구팀은 소설 1천여 편을 인공지능에게 학습시킨 후 소설을 쓰도록 했으며, 미국 매사추세츠 공과대학(MIT)은 인공지능이 공포스런 이야기를 만드는 프로그램을 개발하기도 했다.[2] 국내 통신사 KT는 2018년 5천만 원의 상금을 걸고 인공지능소설 공모전을 개최하기도 했다.

환경 예측

인공지능은 범죄자의 재범 가능성을 예측한다. 미국의 펜실베이니아주는 재범 위험성 예측모델을 적용해 가석방 심사에 활용한다. 그러나 이 기술은 사회적 편향을 여과 없이 반영하고 차별을 확산한다는 비판을 받고 있다. 영남대 로스쿨의 양종모(2017)는 미국의 일부 주에서도 활용되는 인공지능의 재범 예측에서 편향성이 드러나 문제가 되고 있음을 지적했다. 양종모는 인공지능 알고리즘은 인간의 편견을 반영하거나 더욱 증폭시킬 수 있고, 차별을 고착할 수 있다고 주장한다. 그러나 편견이나 차별을 완화하는 훈련을 시키면 미래에 재범 예측을 적절하게 해낼 수 있을 것으로 기대된다.

인공지능이 제조업체에서 각종 위협 요인들을 미리 예측해 작업장 환경을 개선하거나(삼정KPMG 경제연구원, 2019), 두바이 경찰청이 인공지능을 통해 범죄 관련 빅데이터를 분석해 범죄 예방에 적용하는 사례도 있다(문명재 외, 2019). 미국에서는 누가 복지 수급을 받을 수 있는지를 예측하거나 어떤 가정의 아이가 장차 학대받거나 방치될 것인지 예측하는 인공지능 프로그램을 운영하기도 한다. 그러나 여러 인공지능 알고리즘의 편향성, 판단의 오류 등으로 가난한 노동

---

2   https://brunch.co.kr/@leesangartoffic/32

자 계층이 새로운 디지털 빈곤 관리의 표적이 되거나, 범죄자 취급을 받는 등 차별을 심화하고 있다는 주장도 있다(유뱅크스, 2018).

환경 조작

환경을 지각하고 문제점을 파악하며 이를 해결할 동작을 실행하고, 이전보다 환경이 더 나아졌음을 확인하고, 다시 새로운 환경을 지각하는 인공지능을 합리적 에이전트로 부른다. "합리적 에이전트란 자신의 기대 효용을 최대화하는 동작을 선택하는 에이전트"로 정의한다(레셀 & 노빅, 2016b:677). 앞서 인간의 지능을 정의할 때, 다양한 환경에서도 자신의 목적을 이룰 수 있는 능력이라고 언급했는데, 인공지능도 다양한 환경에서 합리적인 에이전트가 될 수 있을 것으로 예상된다.

〈그림 1-1〉 인공지능 발전 방향

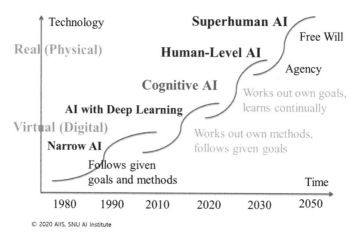

© 2020 AIIS, SNU AI Institute

출처: 장병탁, 2020

현재 인공지능연구가 어떤 성취를 이뤘는지 설명하자면 끝이 없을 것이다. 위의 설명은 매우 추상적이고 단편적인 것으로 인공지능의 현재를 담아내지 못한다. 인공지능 연구는 비약적 발전을 이뤄내고 있음은 주지의 사실이다. 단순 컴퓨터 프로그램에서 인지능력을 갖춘 프로그램으로, 이제는 인간의 지적 수준에 근접하는 사고 능력을 갖추는 기술이 나타나고 있다(〈그림 1-1〉 참조). 심지어 자유의지가 있는 인공지능이 등장할 것으로 예측하기도 한다. 이런 예측이 공상과학 소설가의 입이 아니라 인공지능을 연구하는 전문가들의 입에서 나오고 있음을 주목해야 한다.

주어진 규칙을 벗어나지 못하던 인공지능이 폐쇄적 세계에서 나와 네트워크로 연결되면서 변화의 주체가 되고 있다. 스스로 배우고 판단하면서 인간의 일을 대신한다. 수십만 장의 엑스레이 사진을 판독하면서 암을 진단하고, 수백만 편의 논문을 읽고 최신의 흐름을 정리한다. 바둑에서 이세돌 9단을 이긴 알파고가 인간의 기보를 보고 바둑을 배웠다면, 알파고제로는 스스로 학습해 바둑의 장인들을 격파한다.

인공지능은 지각과 인지에서 더 나아가 행동을 연결하는 종합적 시스템으로 진화하고 있다. 하드웨어와 디바이스를 통해 몸을 갖추고, 소프트웨어와 데이터를 통해 마음을 형성해 인지적 스마트 머신(cognitive smart machine)으로 발전하고 있다(장병탁, 2020).

IV. 인공지능과 선호가치 갈등

인류가 미래에 인공지능과 함께 상의할 공적영역의 일은 지금과 같지는 않을 것이다. 인간과 인공지능은 생존의 양식, 생존에 필요한 자원, 추구하는 가치가 다를 것으로 예상되기 때문이다. 특히 추구하는 사회적 가치의 차이는 심각한 문제일 수 있다.

가치에는 필연적으로 선호가 부여된다. 한 사회는 모든 가치를 같은 무게로 담지 않기 때문이다. 어느 특정 가치는 다른 가치보다 우선한다. 예컨대, 경제개발의 목표가 중심이었을 때, 한국 사회는 전문성, 효율성, 능력주의를 최우선의 가치로 삼았다. 그러나 이 목표가 어느 정도 달성되고 사회가 다원화, 다변화되면서 공존, 공감, 포용, 공정, 형평성이라는 가치가 중요해졌다. 코로나19처럼 세계적 감염병이 창궐한 급변의 시기에는 회복성(resilience) 같은 가치도 부각된다.

이처럼 시대에 따라 사회가 선호하는 주요 가치는 변한다. 가치는 한 사회가 유지되고 발전하는데 방향타 역할을 하기에 거스르기 힘들다. 때로는 가치 간의 경쟁이 일어나고 살아남은 가치가 사회의 지배적 가치로 등극한다.

Russell(2019)은 인공지능을 설계할 때 우리가 물어야 하는 중요한 질문은 어떤 사회적 가치가 더 선호되어야 하며, 그 가치의 실현을 최적화하는 방법은 무엇인가라고 주장한다. 우리는 순간마다 수많은 결정을 한다. 작게는 오늘 저녁 무엇을 먹을까를 정하는 것, 또는 어떤 주식과 부동산을 사야 하는지를 정하는 것, 크게는 어떤 정책을 지지해야 경제적 양극화나 기후변화에 대응할 수 있는지 등일 수 있다.

우리가 이런 문제들을 결정할 때 도움을 받으려고 인공지능을 개발하다 보면 딜레마에 빠진다. 누구의 선호를 반영하는 인공지능을 개발해야 하는지에 관한 문제가 발생하기 때문이다. 다음과 같은 상황을 가정해보자.

> 나는 오늘 아침 내 인공지능 비서로부터 아내와 함께 할 저녁 만찬 장소를 예약했다는 얘기를 듣는다. 나는 "앗! 왜지?"라고 깜짝 놀라 묻는다. 인공지능 비서는 오늘이 결혼기념일이고 이미 내 아내에게도 저녁 약속 장소를 알려줬다고 답한다. "이런! 오늘 영국에서 오는 외국 바이어와 저녁 먹기로 했는데. 이분과의 약속은 깰 수 없는데, 어쩌지?"라고 나는 되묻는다. 인공지능은 그럴 줄 알고 그 외국 바이어가 예약한 비행기를 취소하고, 다음날 오도록 조정했다고 (자랑스럽게!) 이야기한다. "그래? 내 허락도 없이!"

이 상황에서 인공지능의 결정은 나의 결정과 배치된다. 내가 비록 아내와의 결혼기념일을 기억하고 있었더라도 비즈니스를 우선해 외국 바이어와 저녁 약속을 강행했을지 모른다. 그러나 인공지능은 내 아내와의 약속이 더 중요하다고 판단했다. 이 인공지능의 의사결정 알고리듬은 누구의 선호가 반영된 것인가. 평상시의 나인가, 내

아내인가, 아니면 인공지능인가. 혹은 가족우선주의라는 사회적 분위기인가.

이 장면에서 인공지능은 아내의 선호를 반영한 것 같지만 더 깊이 들어가 보면 인공지능은 평상시 나의 선호를 반영한 것이다. 지금까지 나의 행동을 관찰한 인공지능 비서는 내가 어떤 약속보다 아내와 약속을 우선했던 데이터를 기반으로 외국 바이어와 약속을 연기했다. 외국 손님과의 약속이 더 중요하다고 판단했던 나는 선호를 바꾼 것이며, 인공지능에게는 잘못이 없다. 그럼에도 인공지능이 나의 '바뀐' 선호를 반영하지 못한 것은 나에게 손실이다(인간의 선호가 계속 바뀌면 인공지능은 결정하지 못한다).

더 장기적인 미래의 상황을 가정하면 인공지능의 선호와 나의 선호가 상충한 결과로 볼 수 있다. 합리적인 에이전트로서 인공지능은 어떤 선택이 공동체를 유지하는데 더 효과적인지 판단할 수 있다. 인공지능은 공동체를 유지하고 발전시키는데 가족이란 단위가 기본이며 매우 중요하다고 간주할 수 있다. 이럴 경우, 어떤 약속보다 가족과의 약속이 선행되어야 한다.

그러나 인간은 때로 합리적 판단보다 감정적 판단을 하기도 한다. 명확하게 이익을 예측할 수 없는 상황에서도 일을 저지른다. 인간은 상황에 따라 얻을 수 있는 이익도 달라진다고 믿는다. 나는 비록 아내와 약속을 더 중요하게 생각하면서도, 이 상황에서는 외국 바이어와의 약속을 지켜야 나의 생존을 지키게 되고, 이를 통해 가족을 지킬 수 있다고 판단할 수 있다.

누구의 선택이 옳았는지는 나중에 판가름이 나겠지만, 나의 선택이 인공지능의 선택과 다르다는 점을 주목해보자. 가족 우선이라는 가치와 일 우선이라는 가치에서 인공지능과 갈등을 빚을 때 어떤 원칙을 적용해야 서로 다투지 않고 문제를 해결할 수 있을까?

이 경우 나와 인공지능 사이에 의사결정의 원칙을 정할 수 있다. 예컨대, 나의 선택으로 누군가 고통을 받는다면 나도 그렇게 즐겁지는 않을 테니, 서로 이익과 고통을 분담하는 선에서 결정한다는 원칙을 세울 수 있다. 인공지능의 선택이든 나의 선택이든 가족과 공동체를 유지한다는 목표는 같으니 목표를 달성하는 수단에서 타협을 하는 것이다. 아내에게 상황을 설명하고 바이어와의 저녁 약속을 지키거나, 바이어에게 상황을 설명하고 우선 전화로 필요한 논의를 진행한 뒤 아내와 약속을 지킬 수 있다.

그러나 인공지능과 목표가 다르면 쉽게 타협하기 어렵다. 이런 상황이 발생하지 않도록 조치를 취할 필요가 있다. Russell(2019)은 인공지능이 인간의 가치를 따르도록 개발되어야 한다고 강조한다. 이를 위해 그는 3가지 원칙을 제시한다.

첫째는 이타적 인공지능의 개발이다. 이타적인 인공지능은 인간의 선호를 실현하는 인공지능을 말한다. 인공지능의 선호가 추구되어서는 안 된다.

둘째는 겸손한 인공지능의 개발이다. 사실, 인간의 선호는 시대와 장소에 따라 다를 수 있다. 그렇다면 인공지능은 어느 특정 선호가치를 맹목적으로 추구해서는 안 된다. 겸손한 인공지능이란 인간이 인공지능의 행동에 위험을 느껴 전원을 꺼버렸을 때, 이런 인간의 행동을 자신에게 부정적인 것으로 받아들이지 않고, 인간의 달라진 선호를 받아들이는 신호로 해석한다는 의미를 담고 있다.

마지막으로 인간의 선호를 더 정확하게 예측하도록 끊임없이 배우는 인공지능의 개발이다. 인간은 때로 비합리적, 비이성적으로 행동할 때가 있다. 인공지능이 보기에 선호가치의 추구에서 일관성을 발견하지 못할 수도 있다. 이럴 때 인공지능은 인간의 행동을 지속 관찰하면서 행동에서 나타나는 선호의 패턴을 발견하도록 노력해야 한다.

V. 트랜스휴먼의 등장

인류는 20만 년 이상을 다양한 환경에서 적응해왔다. 인공지능이 인간의 지능과 비슷한 수준으로 발전하는 세상에서도 인간은 적응하고 변화할 것이다.

인간의 미래를 예측하는 담론에서 인기 있는 주제 중 하나는 트랜스휴먼이다. 트랜스휴먼은 공학적, 생물학적 조작을 통해 지적, 육체적, 감성적 능력을 증강하려는 새로운 인간의 유형으로 볼 수 있다. 이런 욕망은 트랜스휴머니즘으로 불린다. 박성원 외(2017:4)는 "기술을 적극적으로 활용해서 신체의 변형, 확대, 증강을 도모하고 정신적, 육체적 능력을 향상하려는 문화적이고 지적인 운동"을 트랜스휴머니즘으로 정의하고 "이를 통해 인간성(humanity), 정상성(normality)에 대한 통념을 끊임없이 허물고 확장하는 것이 목적"이라고 밝

힌다.

　인간성과 정상성을 끊임없이 허물고 확장하는 이유는 무엇일까. 생존을 위한 새로운 조건이 필요하기 때문이다. 인공지능이 인간의 지능과 비슷한 수준으로 성장하고 많은 일을 대체한다고 하면, 인간은 생존을 위해 새로운 조건을 만들어야 한다. 지적능력의 강화가 필요하면 그렇게 해야하고, 육체적 능력의 강화가 필요하면 그렇게 할 수 있는 기술을 개발해야 한다. 예전에는 여러 가지 사회적 규범이나 기술적 안전성, 윤리적 측면에서 선호되지 않았던 시도도 새로운 생존의 조건을 만들어내는 데 필요하다면 실행될 수도 있다.

　트랜스휴머니즘을 처음으로 제안한 영국의 진화생물학자 줄리안 헉슬리는 1957년 *Transhumanism*이라는 글에서 "인간 종이 인간뿐만 아니라 지구 내 다른 생물들의 미래 진화 방향까지 좌지우지할 수 있다"고 주장했다(박성원 외, 2016:19). 헉슬리는 인간이 엄청난 속도로 과학기술을 발달시킬 것으로 예상했고, 급격하게 발전한 과학기술이 인간의 능력을 증강시켜 인간이 지구의 운명을 좌우하는 수준까지 나아갈 것으로 내다보았다. 인간이 지구의 운명을 감당하려면 지적으로, 육체적으로 매우 발전하고 강해져야 한다고 생각했고, 이런 인간의 운명과 능력 향상을 적극적으로 추진하는 새로운 인류를 트랜스휴먼으로 정의했다.

　헉슬리가 인공지능을 예상하지는 못했다고 해도, 인간이 과학기술을 통해 새로운 인간이 될 수 있음을, 아니 될 수밖에 없음을 내다본 것은 옳았다. 인간은 인공지능을 만들어 자신의 일을 덜거나 더 효율적으로 처리할 수 있게 되었고, 더 나아가 자신의 지적 수준까지 개발한다면 인간은 다시 인간 이상의 존재가 되려고 노력할 것이다.

캐나다 토론토 대학 컴퓨터공학과 교수 스티브 만은 착용하는 컴퓨터를 선구적으로 개발한 공학자다. 구글 글라스처럼 생긴 안경을 착용해 자신의 기억력이나 신체 이상 신호를 미리 파악한다. 그에게 이 안경은 기술이 아니라 신체의 일부다. 그는 한때 공항검색대에서 안경을 벗어달라는 공항검색대 요원의 요청을 거절하면서 안경은 자신의 신체의 일부라고 주장했다. 강압적인 요원에 의해 안경이 벗겨진 후, 스티브 만은 어지럼증 등 정신적 고통을 겪었다고 주장했다.

호주 행위예술가인 스텔락은 기술의 착용을 넘어 기술을 몸에 심는 시도를 한다. 스텔락은 자신의 왼쪽 팔에 인간의 귀를 이식해 '팔의 귀'라고 이름을 붙였다. 아직은 이 팔의 귀를 통해 소리를 듣지 못하지만 언젠가 소리를 듣게 될 때 이를 공개하겠다고 밝힌 바 있다. 그는 또한 겨드랑이와 사타구니의 신경을 이용해 움직이는 제3의 팔을 만들어 세 개의 팔을 활용해 진화(evolution)라는 영어단어를 쓰는 퍼포먼스를 선보이기도 했다. 기계화된 신체를 갖고 있는 인간을 사이보그라고 부른다면 스티브 만과 스텔락은 이미 사이보그이다.

이들의 공통점은 인간의 신체와 정신을 아직 더 개발해야 하는 대상으로 보고 있다는 점이다. 현재 인류의 정신과 신체는 더 개발할 여지가 많으며, 더 나아가 정신과 신체를 기계로 대체하려고 한다. 이를 통해 아이언맨이 되려는 것이다.

*Humanity 2.0*을 펴낸 영국의 사회학자 스티브 풀러는 인류 2.0 시대는 더 이상 인간의 신체를 자연스러운 것으로 받아들이지 않는 시대라고 주장한다(Fuller, 2011, 박성원 2017에서 재인용). 그는 인간의 몸은 태어날 때부터 죽을 때까지 바꿀 수 없는 것이 아니라 필요하면 언제든 바꿀 수 있는 시대라고 주장한다. 보여(Bowyer)는 인류가 좋든 싫든 새로운 종으로 진화하고 있다며 타인의 생각을 마치 컴퓨터 해킹하듯 조작할 수도 있고 생물학적 신체를 편집할 수도 있다고 주상한다(Bowycr, 2010, 박성원 2017에서 재인용).

기술이 가능하다면 인간은 언젠가 그 기술이 필요할 때 적용한다. 인공지능이 자신의 생존을 위협한다면 인간은 트랜스휴먼 기술을 활용해 인공지능이 갖추지 못한 지적 능력과 육체적 능력을 확보하려고 할 것이다. 싱귤레러티가 다가온다는 책의 저자 레리 커즈웨일의 전망처럼 2050년경 인간과 기계의 경계가 허물어진다면, 그때는 이미 인간과 인공지능, 그리고 트랜스휴먼의 공존이 자연스럽게 보일 것이다.

VI. 정치적 인간이 마주할 미래 정치적 문제들

2050년쯤 볼 수 있을 지구상의 지적존재는 네 가지를 예상할 수 있다. 인간, 트랜스휴먼, 인공지능, 그리고 인공지능이 만든 인공지능이다. 이 네 가지 지적존재를 등장시키는 동인은 다양하겠지만 기술이 적용되는 곳과 지적존재들이 품고 있는 욕망을 들 수 있다.

　이 두 가지 동인을 좀 더 논의해보자. 우선, 기술이 적용되는 곳이 인간의 몸이라면 human body, 기술이 로봇처럼 기계에 적용된다면 machine body가 된다. 기술을 통해 인간이 추구하는 가치가 자연과의 조화라면 naturing, 자연을 거스르는 욕망이라면 denaturing으로 표시해보자.[3] 이렇게 하면 〈그림 1-2〉처럼 두가지 동인이 교차해 4가지의 새로운 사회적 존재들이 인식된다.

　자연을 거스르는 욕망이란 자연적 흐름을 거스르는 것을 말한다. 예를 들면, 나이가 들면 자연스럽게 주름이 생기고 근육은 늘어진다. 그러나 나이가 들어도 동안(童顔) 소리를 듣고 싶다면 이 욕망은 denaturing으로 볼 수 있다. 삶의 유한함을 극복하고 더 오래 살기를 원한다면 이 또한 denaturing으로 볼 수 있고, 막강한 신체적, 정신적 능력으로 신적 존재가 되고 싶다면 이 역시 denaturing의 욕망을 갖고 있다고 말할 수 있다. 여기서 비자연(denature)은 자연을 박탈한다는 뜻을 갖는 것은 아니다. 기술을 통해 자연을 적극적으로, 또는 인위적으로 완성한다는 뜻에 가깝다.

3　denature라는 용어는 생화학 분야에서 흔히 쓰인다. 예를 들어 단백질 변성 (protein denaturation)은 단백질에 온도 변화, 압력, 초음파나 자외선, 산(acid) 등 화학적·물리적 변화를 가하면 단백질의 고유한 성질(nature)이 없어지는 현상을 말한다. 요구르트는 젖산과 소량의 유기산으로 우유를 발효시킨 제품이다.

〈그림 1-2〉 미래 인간이 마주할 지적 존재들

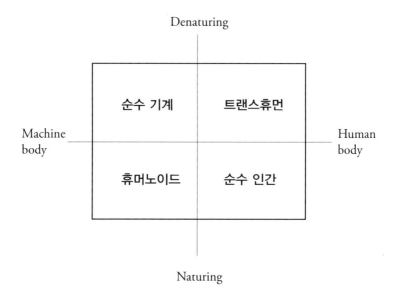

출처: 박성원, 2019

　〈그림 1-2〉에서 4분면은 기술적 조건과 욕망, 달리 말하면 조건 (condition)과 비전(vision)이 만나 미래가 형성된다는 가정에서 만들어 진 미래상이다. 인간의 몸을 증강시키는 기술과 기술을 인간화시키 는 기술이 한 축을 형성하고, 자연과 조화냐 비조화냐가 또 다른 한 축을 형성한다.

　미래의 순수 인간은 human body와 naturing이 만나는 곳에 존 재하며, 트랜스휴먼은 human body와 denaturing이 만나는 곳에 존 재한다. 우리가 2016년에 만난 알파고 같은 인공지능은 machine body와 naturing의 조합에서 탄생하며, 순수 기계는 machine body와 denaturing의 교차에서 등장한다.

인공지능이 기계의 몸에서 태어나지만 naturing의 욕망을 갖고 있다는 의미는 이렇게 설명해볼 수 있다. 인간이 만든 인공지능은 인간의 모든 역사를 데이터로 학습하고 있다. 최근까지 인류의 역사는 자연의 흐름을 거스르는 욕망을 갖지 않았다. 죽음과 노화를 자연스럽게 받아들였다. 죽음 이후의 세계를 논의한 적은 있으나 그 사후의 세계에서도 인간은 신이 아닌 인간으로 존재한다. 이런 역사를 학습한 인공지능은 인간을 많이 닮을 수밖에 없다. 인공지능이 욕망한다는 표현이 어색하지만, 인간의 데이터를 학습한 인공지능은 naturing의 욕망을 내재할 수 있다.

반면에 denaturing의 욕망을 실현하면서 새로운 데이터를 생산하고 있는 트랜스휴먼처럼 인공지능도 과거 인류와 다른 존재로부터 배우거나 스스로 학습하면서 다른 욕망을 내재할 수 있다고 가정해보자. 이런 다른 욕망은 보편적인 인간의 욕망과 다르다고 가정하고 이를 denaturing의 욕망으로 간주할 수 있다.

이처럼 각기 다른 조건과 욕망(또는 선호)의 조합으로 태어난 지적 존재들이 공존하는 세계에서 어떤 문제가 불거질까. 트랜스휴먼은 인간이 만들어놓은 보편적인 법칙에서 예외를 주장하고 나올 가능성이 높다. 앞서 스티브 만이 안경을 벗으라는 공항검색대 요원의 요청을 거절했듯이 기술이 신체의 일부라고 믿는 트랜스휴먼은 다른 인간과 다른 대우를 요청할 수 있다.

올림픽 같은 스포츠 경기에서도 순수 인간과 트랜스휴먼이 함께 경기를 할 수 없을지 모른다. 순수인간은 신체적으로 뛰어난 기량을 갖고 있는 트랜스휴먼과 상대가 되지 않는다. 비즈니스의 세계에서도 지적 능력이 뛰어난 인공지능과 트랜스휴먼의 협업은 증가하고, 인간과 협업은 점차 줄어들 수도 있다.

이렇듯 관계하는 대상이 달라진다면 사상, 표현, 집회의 자유는 어떻게 될까. 민주주의의 공론의 장은 인공지능과 트랜스휴먼이 장악할까? 잠도 자지 않고 쉼 없이 글을 써대는 인공지능 기자가 있다면, 신문과 방송은 이들의 글과 말로 도배되지 않을까. 이들의 표현의 자유는 어디까지 허용되어야 할까. 인간과 형평성을 맞출 수 있을까?

인간, 인공지능, 트랜스휴먼은 함께 공동체를 형성할 것인가. 공동체에서 각기 다른 몸과 마음, 가치를 갖고 있을 때, 구성원의 공존 양식은 무엇일까. 인공지능도 스스로 자신보다 넓은 세계를 인식, 이해, 예측, 조정할 수 있으며, 개별적 사안뿐 아니라 세계를 구성하고 유지하는 공적인 영역에도 참여한다면 이런 인공지능도 국가의 시민으로 대접해야 하는가.

공동체에 대안을 예상하고 실행계획까지 내놓으려면 인공지능은 높은 자율성과 도덕적 민감성을 갖춰야 한다. 도덕행위자는 자신의 행동에 책임을 질 수 있는 자율성을 갖춘 존재다. 여기서 자율성이란 이성적 숙고를 통해 자신의 행위 규칙을 스스로 입법화하는 능력을 말한다(신상규, 2020). 그렇다면 인간의 지능을 닮아가는 인공지능도 자율적 도덕행위자가 될 수 있을까. 이것이 인정되어야 인공지능에게 사고의 책임을 묻거나 역으로 잘한 일에는 보상을 수여할 수 있다. 인공지능이 일을 하고 돈을 받았다면 세금을 내는 주체로도 간주할 수 있다.

VII. 소결: 정치적 인간의 재탄생

간략하게나마 우리는 인공지능이 인간의 지능 수준에 근접했을 때 인간과 인공지능이 대등한 지위로 공존한다면 어떤 정치적 문제가 발생할 수 있을지 살펴보았다. 이 글은 기존의 인공지능 논의에서 한발 더 나아가 인간이 인공지능 시대에 트랜스휴먼으로 변화한다는 가정 하에 인간, 트랜스휴먼, 인공지능이 공존하는 미래까지 그려보았다. 여기에 인공지능이 만든 인공지능까지 더하면 네 종류의 지적존재가 공존하는 셈이다.

이들은 각기 기술의 적용방식과 욕망이 다르다. 어떤 사회적 가치도 옳다 그르다를 명확하게 판단할 수 없는 시대에 네 가지의 지적존재들은 평화롭게 공존해야 할 의무가 있다. 어느 한쪽의 가치를 우선하는 경우 대립은 불가피할 것이다. 정의(justice)라는 개념도 시대와 문화적 맥락에 따라 달라지듯 네 가지의 존재가 공존하는 미래에서 통용되는 가치들도 지금과는 매우 다르게 받아들여질 수 있다.

이렇듯 매우 먼 미래의 상황을 예상해보면서 얻을 수 있는 교훈은 정상성에 대한 끊임없는 확장이 매우 긴요하다는 점이다. 무엇이 정상적인지 판단하는 권위가 매우 다양하고 불분명할 때는 더욱이 정상성을 고집할 수 없게 된다. 각자가 주장하는 다른 정상성이 있는데도 그걸 고집한다면 조직과 주체 간의 대립은 불가피하다.

이렇게 본다면 앞으로 우리가 마주할 미래는 늘 불확실성이 상수로 내재되어 있고, 불안한 삶 자체가 삶의 정상적 모습임을 인정해야 할지 모른다. 그럼에도 각기 다른 지적존재들이 끊임없이 공적인 일을 상정하고, 함께 풀어가는 방법을 모색하는 노력은 필요할 것이다. 공적인 일을 해결하려는 정치적 인간은 어느 시대나 존재해야 한다.

참고문헌

구본권. 2017. "인공지능 추론도, 호기심도 구현... 인간 고유 영역은?" 사람과디지털연구소.

러셀, 스튜어트. 노빅, 피터. 2016a. 『인공지능, 현대적 접근방식 1』. 류광 옮김. 제이펍

러셀, 스튜어트. 노빅, 피터. 2016b. 『인공지능, 현대적 접근방식 2』. 류광 옮김. 제이펍

문명재·최선미·박성원. 2019. 『미래의 급격한 기술발전과 공공서비스 패러다임 변화』. 국회미래연구원.

박성원. 2017. "인간 2.0 시각에서 본 4차 산업혁명의 의미". 『동향과 전망』, 100: 152−183.

박성원·최종화·진설아·이주영·김은아·김정현. 2016. 『트랜스휴머니즘 부상에 따른 과학기술 정책이슈의 탐색』. 과학기술정책연구원.

박성원·박가열·최영순·진설아·황윤하·홍성민. 2017. 『트랜스휴먼 시대에 따른 미래직업세계 연구』. 과학기술정책연구원.

박성원. 2019. 『미래공부』. 글항아리.

백송이. 2016. "헤겔 법철학에서 도야와 정치적 인간". 『철학논총』, 83(1): 139−161.

백종현 외. 2017. "제4차 산업혁명과 포스트휴먼 사회". 『철학과 현실』, 112: 20−128.

삼정KPMG 경제연구원. 2019. "4차 산업혁명과 사회적 가치 창출." *Issue Monitor* 제106호.

신상규. 2020. "인공지능은 자율적 도덕행위자일 수 있는가." 국회미래연

구원 발표자료.

양종모. 2017. "인공지능 알고리즘의 편향성, 불투명성이 법적 의사결정에 미치는 영향 및 규율 방안."『법조』, 723, 60−105

유뱅크스, 버지니아. 2018.『자동화된 불평등』. 김영선 옮김. 북트리거.

장병탁. 2020. "인공지능의 발전과 사회변화". 국회미래연구원 2020년4월 29일 발표자료.

정미라. 2014. "정치적 행위와 자유: 한나 아렌트의 정치철학에 대한 비판적 소고."『철학논총』, 76(2): 611−628

정호원. 2016. "칸트에게 있어서 정치 혹은 정치적인 것의 의미. 국가 수립의 문제를 중심으로."『한국정치연구』, 25(2): 255~278.

홍태영. 2016. "민주주의와 인간 권리의 정치: 클로드 르포르의 민주주의 구성과 확장."『민족문화연구』, 70: 9~38.

한국정보화진흥원. 2019. "국민이 생각하는 인공지능 사회 이슈와 대응 과제".『IT & Future Strategy』, 제4호.

Fuller, S. 2011. *Humanity 2.0: What it Means to be Human, Past, Present and Future.* Palgrave Macmillan

Kim, S. H. 2000. *The Politics of Democratization in Korea: The Role of Civil Society.* Pittsburgh, Pa.: University of Pittsburgh Press.

Legg, S., Hutter, M. 2007. *A Collection of Definitions of Intelligence.* Proceedings of the 2007 conference on Advances in Artificial General Intelligence

Russell, S. 2019. *Human Compatible: Artificial Intelligence and the Problem of Control.* Viking.

2장 알고리즘 민주주의: 가능성과 한계

윤종빈(명지대 미래정책센터장, 정치학)

I. 서론

"가짜뉴스는 진실은 포기한 채 특정 관심사에 맞도록 사실을 왜곡해왔다. 소셜미디어는 이미 똑같은 생각을 가진 사람들끼리 접촉하도록 유도해 토론의 여지를 없애버린다. 이렇듯 폐쇄적인 과정을 거쳐 가짜뉴스와 허위 정보가 확산되고, 편견과 증오를 조장한다. 디지털 세계가 양심을 속이고 민주주의마저 조작할 수 있다. 거짓이지만 믿을 만해 보이는 가짜뉴스가 사회적 고정관념과 편견에 호소하면서 불안, 경멸, 분노, 좌절을 자극해서 사람들의 시선을 사로잡는다. 가짜뉴스를 확산시키는 동력은 권력에 대한 갈증과 탐욕에 뿌리를 두고 있다."(교황 프란치스코,《조선일보》2019년 10월 21일자)

인공지능, 빅데이터, 사물인터넷으로 대표되는 4차 산업혁명이 가속화됨에 따라 정보통신 기술이 급속도로 발전하였고 의사결정을 위한 물리적, 공간적 제약이 완화되면서 대의제 민주주의의 효율성과 가치에 대한 문제 제기가 대두되고 있다. 주지하다시피 대중정당의 쇠퇴에 따라 정당정치와 대의민주주의는 위기를 맞았고 국민의 참여적 욕구를 충족시키는 참여형민주주의(예: 공론화위원회)가 대안으로 실험되고 있는 가운데 4차 산업혁명은 민주주의 기반의 거버넌스의 본질적인 변화를 주도하고 있는 상황이다.

ICT의 급속한 발전은 의사결정의 거버넌스 및 소통의 방식에 획기적인 변화를 가져왔으며, 정보와 가치를 무제한으로 제공하기에 새로운 형태의 양극화에 대한 우려가 제기되고 있다. 사물인터넷에 의해 생성된 빅데이터를 인공지능을 통해 인간에게 편리한 정보를 제공하는 과정에서 정보 처리의 효율성은 제고되지만 가치의 편향성은 오히려 악화될 수 있다는 우려가 제기되고 있는데, 특히 '알고리즘'[1]을 설계하고 통제하는 것이 권력 지배의 새로운 원천이 될 수 있기에 '알고리즘 민주주의(Algocracy)'는 미래의 가능성보다는 험난한 도전에 직면해 있다.[2]

---

1   알고리즘의 다양성은 아직은 합의된 바가 없다. "세상에 존재하는 알고리즘은 이루 헤아릴 수 없이 많다. 게다가 목표와 특징, 기발함, 결점이 저마다 각양각색이므로 가장 적합한 알고리즘 분류법은 아직 합의된 바가 없다." (해나 프라이 2019, 26).

2   알고리즘이 인류사회와 개인의 생활에 미치는 부정적인 영향력에 대한 우려가 존재한다. "인터넷 곳곳에서 조용히 우리를 추적하는 알고리즘, 개인정보

'알고리즘 민주주의'는 이러한 민주주의에 대한 참여 욕구와 기술발전을 접목해 주목하면서 알고리즘을 설계하고 이를 통해 데이터를 통제하는 자가 권력을 지배할 가능성이 높다. 알고리즘 설계 기술의 구축(우선순위 분류, 필터링)은 인간이 담당하는 영역으로 인공지능에 의한 알고리즘의 생성은 인간의 인식과 가치를 반영할 수밖에 없으며 결코 중립적이지 않다고 볼 수 있다. 방송통신위원회와 정보통신정책연구원이 조사한 지능정보서비스에 대한 이용자의 사용경험과 태도 분석에 따르면, 뉴스 이용자 중 '자동추천 서비스로 인해 본인의 사고나 가치관이 편향될까 봐 두렵다'는 의견이 57.8%에 달하는 것으로 나타났는데 이를 통해 알고리즘의 편향성에 대한 사회적으로 보편화된 우려를 확인할 수 있다.

인공지능과 사물인터넷, 그리고 빅데이터를 기반으로 한 지능기술정보의 발전이 수평적이고 개방적인 정치커뮤니케이션을 확대하는 반면, 알고리즘이 유튜브의 가짜뉴스로 노출되고 재생산되면서 대의제 민주주의를 위협하는 요인으로 작용하고 있다. 따라서 본 글에서는 알고리즘 민주주의의 가능성과 한계를 동시에 살펴보고 관련한 사회적 쟁점과 전망을 논의하고자 한다.

를 수집하는 알고리즘, 그래서 사생활을 침범하고 자유자재로 내 성격을 추론해 행동에 미묘하게 영향을 끼치는 알고리즘 말이다. 부적절한 신뢰와 힘, 영향력이 결합하는 최악의 상황이 벌어진다면, 그 결과 때문에 사회의 밑바탕은 흔들릴 수 있다." (해나 프라이 2019, 48).

II. 알고리즘 민주주의의 가능성

새로운 정보통신기술의 발전을 기반으로 한 알고리즘 민주주의는 정보교환과 의사결정을 위한 물리적 공간의 제약을 극복할 수 있고 인간의 가치 편향성을 배제할 수 있다는 장점이 있다. 또한 "지능정보기술의 발전은 데이터 기반 민주주의(Data-driven Democracy)를 촉진시키는데 여기서 시민은 프로슈머(Prosumer)를 넘어 정책의 생산자이자 사용자인 프로유저로서의 역할을 수행한다."(민희·김정연 2019, 84). 이처럼 ICT의 발전은 정치커뮤니케이션 방식의 변화를 주도하는데 새로운 민주주의는 참여, 소통, 타협에 있어서 수직적으로 닫힌 결정에 의한 갈등이 아닌 수평적으로 열린 결정과 경쟁체제를 지향한다.

한편 ICT기술의 발전을 주민참여의 정책결정에 적용한 대표적인 사례로 2017년 3월 경기도의 지역 프로젝트인 「따복공동체 주민제안 공모사업」을 들 수 있다(한국경제 2019/10/28). 흥미롭게도 동 사업은 약 9천 명의 주민이 참여하는 블록체인 기반 심사로 진행되었으며 대의민주주의의 한계를 극복하기 위해 새로운 기술 기반의 직접민주주의 방식을 도입한 것으로 주목을 받았다. 해당 사례는 블록체인을 이용한 투표를 통해 기존의 중앙집권적이고 일방적이었던 자치단체의 정책의 계획과 실행을 주민들이 적극적으로 참여하는 개방적이고 수평적인 정책결정과정으로 새로운 틀을 구축하였다는 평가를 받았다.

또한 최근 국민의당은 국민들이 필요에 따라 정책을 제안할 수 있는 '공유정당 플랫폼'을 발표하였다. 해당 플랫폼은 정당이 모든 것을 결정하여 일방적으로 내놓는 것이 아니라 완성 직전에 국민들이 직접 이를 확인하면서 개선할 점 등을 제안할 수 있는 형식으로 정책 키워드를 해시태그로 실시간으로 게시하고 국민들의 정책 제안이 입법화되는 과정을 실시간으로 공개하는 등의 기능을 제공하고 있다(《중앙일보》 2020/10/06). 또한 국민의당은 AI 기능을 활용하여 사용자의 선호 주제를 자동 추천함으로써 유권자들이 공통 관심분야에 대한 활동이 가능하도록 커뮤니티 기능을 강화할 것이라고 밝혔다. 국민의당은 해당 플랫폼을 통해 국민들이 정치에 쉽게 참여하고 정당은 해당 의견을 적극적으로 반영해 정책을 기획한다는 구상을 제시하였다(《중앙일보》 2020/10/06). 인공지능을 활용한 정책 플랫폼 구축과 국민 참여 확대 구상은 4차 산업혁명 시대에 부응한 정당의 새로운 생존 전략이라고 볼 수 있다.

지능정보기술의 발전은 정치영역에서 선거캠페인을 효과적으로 수행할 기반을 제공하였다. 주지하다시피 2012년 미국 대선 당시 오바마 선거캠페인에서 유권자의 특성에 따른 맞춤형 선거운동, 즉 마이크로 타깃팅(Micro-Targeting)이 재선의 승리를 이끈 전략으로 주목을 받은 바 있다. 마이크로 타깃팅은 유권자의 다양한 정보, 즉 사회경제적 배경과 생활 행태에 대한 빅데이터를 수집해 유권자들을 유사한 그룹으로 묶어 그에 따른 맞춤형 메시지를 던져 관심과 지지를 유도하는 전략이다. 오바마 캠프는 유권자 집단을 11개로 분류해 각기 다른 정치후원금 모금 방식을 담은 이메일을 발송하였는데 이러한 정밀한 선거운동은 유권자에 대한 방대한 데이터를 확보할 수 있었기에 가능하였다. 이처럼 4차 산업혁명의 ICT기술의 발전은 정치적 영역에서 새로운 선거운동을 가능하게 할 것이다.

정치캠페인에서 주목을 받은 빅데이터의 활용 사례로는 2008년 오바마 선거캠프에서 '데이터분석팀'을 구성하여 오바마를 지지하는 유권자의 페이스북, 인터넷 사용 내역 등을 추적하여 유권자 데이터를 구축한 바 있다. 이러한 방식은 2012년 대선에서도 활용되었는데 2만여 통의 메일 발송을 기준으로 1,500가지의 개인별 변형이 존재했다. 오바마 캠프 이전 미국에서 최초로 마이크로 타깃팅 기법이 이용된 사례는 2004년 공화당 부시 대통령 캠프에서 찾을 수 있는데 공화당은 미시간주에서 확보한 570만 명의 데이터베이스를 기반으로 유권자를 31개 그룹으로 분류하여 군집분석[3]을 실시해 유권자 중 진정한 의미의 무당파층은 7%에 불과하다고 보았고 선거캠페인에 이를 활용하였다(동성혜 2019).

2000년대 초부터 정치 빅데이터를 이용한 선거캠페인을 전개한 미국과 달리, 국내에서는 정당에 의한 빅데이터 활용의 대표적인 사례를 찾아보기 어려운데 그 이유는 〈표 2-1〉과 같이 한·미 간 선거운동 환경의 차이에서 찾아볼 수 있다. 우리나라 선거운동은 공직선거법에 의해 통제되어 상당히 제한적인 반면, 미국에서는 유권자 데이터베이스 축적, 호별 방문, 홍보물 발송 등에 있어서 보다 자유

---

3   군집분석이란 조사대상자들의 여러 특성에 기초해 유사한 성질의 동일한 집단을 분류해 비교 분석하는 방법이다.

롭게 허용된다. 또한 국내에서는 유권자 관련 데이터를 후보자가 개별적으로 수집해야 하기에 상당한 시간과 인력이 필요하지만 투표일에 임박해 후보자가 결정되는 현실에서 후보 개인이 이러한 데이터를 모으기에는 현실적으로 불가능하다고 할 수 있다(조해주 외 2014). 따라서 미국의 마이크로 타깃팅 선거운동이 국내에 정착하기에는 제도적 환경과 현실 정치적 제약이 존재한다는 점을 인식해야 할 것이다. 또한 관련하여 최근에는 개인정보보호에 관한 이슈가 대두되고 있다.

〈표 2-1〉 한·미 간 빅데이터 선거운동전략 차이점

구분	미국	한국
개인정보 이용	Opt-Out(선택적 금지)	Opt-in(선택적 허용)
투표참여 이력	공개	비공개
유권자 DB	전국위(중앙당)	개별 후보
DB 내용	정치성향 예측 가능한 변수들 모두 포함	단체/이름/전화
호별 방문	무제한 허용	금지
홍보물 발송	무제한 허용	내용/횟수/대상 제한
선거운동 기간	상시	법정(예비)선거운동 기간
선거별 당내 책임단위	대선: 전국위(중앙당) 총선: 원내 선대위 지방선거: 주(州)당	구분 없음
선대위 각 본부장	의원	선거 각 분야 전문가

출처: 고한석. "대선 및 총선에 활용 가능한 빅데이터 선거전략."『빅데이터 시대의 선거와 정치패러다임의 변화』세미나 자료집(국회입법조사처 2015).

빅데이터를 활용한 마이크로 타깃팅 선거운동은 국내에서도 그 활용 가능성에 대한 논의가 있었는데 개인의 사생활에 대한 자세한 정보를 확보해야 맞춤형 선거운동이 가능하기에 개인정보보호 이슈가 발생하고 지지강도에 따른 유권자 분류로 인한 차별적인 선거운동이 오히려 특정 집단에 대한 부실한 선거운동을 초래할 수 있다는 우려가 존재한다. 그러나 선거캠프의 맞춤형 접촉은 유권자의 공약에 대한 이해와 선거관심도를 높일 수 있으며, 선거운동을 위한 자원과 노력을 줄일 수 있고 다양한 방식의 선거참여를 유도할 수 있다는 상점이 있다(고한석 2015).

이상과 같이 인공지능과 빅데이터를 토대로 한 새로운 ICT기술의 발전은 알고리즘 민주주의의 가능성을 제고하였고 대의민주주의의 한계인 의사결정을 위한 물리적 공간의 제약을 극복하고 인간에 의한 주관적이고 편향적인 데이터 수집과 활용을 견제할 수 있는 기반을 제공하였다.

III. 알고리즘 민주주의의 한계

앞서 지적한 데이터 수집과 해석의 편향성을 극복하는 것은 알고리즘 민주주의의 장점이 될 수 있지만 동시에 단점이 될 수도 있다. 데이터 기반 기계학습을 통해 완성되는 알고리즘의 특성상 차별적이고 편향적인 데이터의 활용이 가능해 의사결정을 왜곡할 수 있다. 우선순위를 결정하고 분류 및 필터링하는 과정은 여전히 인간의 몫이기에 인공지능 기술은 현실적으로 완전히 중립적이기 어렵다. 인공지능기술과 빅데이터 역시 본질적으로 차별적인 정치공간일 수밖에 없고 알고리즘 플랫폼을 지배하는 인간의 지배 기술의 정교화를 통해 새로운 알고리즘 권력의 탄생이 가능할 것이다.

알고리즘은 단순히 현상의 문제가 아니라 구조적인 문제로 접근해야 한다. 눈 앞에 펼쳐진 알고리즘은 매우 복잡한 구조와 과정을 통해 구축된 것으로 단순히 기술의 집약으로 봐서는 안 되고 누가 어떤 의도를 갖고 생성했는지에 주목해야 할 필요가 있다. 한 연구의 지적처럼, 알고리즘의 구축은 컴퓨터 언어에 의한 규칙의 개발뿐만 아니라 개발자는 물론 관리자의 의사와 가치가 반영된 포괄적인 프로세스로 이해해야 할 필요가 있다(민희·김정연 2019). 특히 우려되는 것은 알고리즘에 의해 생성된 사용자 맞춤형 콘텐츠는 가짜뉴스와 결합해 정치의 극단화와 양극화 현상을 자극할 가능성이 매우 크다는 데 있다.

알고리즘 민주주의의 한계를 논할 때 핵심적인 개념으로서 '필터버블'은 인터넷 정보 제공자가 이용자 맞춤형으로 필터링된 정보만 이용자에게 전달해 편향된 정보에 갇히는 현상을 의미한다. 필터로 걸러진 정보만이 가득한 버블 속에서 개인들은 폐쇄적 사고에 갇혀 반대의 의견과 취향에 대해 배타적인 태도를 보인다. 필터버블의 가장 대표적인 예로 유튜브의 경우 이용자가 추천 알고리즘으로 보는 영상이 전체의 70%에 달하기에 추천 알고리즘을 통해 편견이 강화되는 현상이 생기고 이성적 판단과 합리적인 논의가 어려워져 정보통신기술의 발전으로 새롭게 구축된 토론과 숙의의 공간의 민주성과 개방성이 위협받는다.[4] 정정주 외(2019)의 연구는 사회적 갈등 쟁점에서 나타나는 필터버블 현상을 검증하였다. 즉, "빅데이터 시대에 뉴스나 정보제공이 알고리즘화되면서 필터버블 현상에 따라 소셜미디어가 사람들의 위치, 프로파일, 검색결과 등을 필터링한 정보만을 선별적으로 제공하게 된다. 이러한 상황에서 사람들이 자신의 관점과 다른 정보로부터 인위적으로 분리되고 궁극적으로 자신만의 이념적 서품에서 빠져나오기 어렵게 된다."(정정주 외 2019, 134).

필터버블과 함께 '에코 체임버 효과'는 인공적으로 메아리를 만드는 방향실처럼 온라인 공간에서 자신과 같은 목소리만 메아리치고 증폭되는 현상을 일컫는다. 이는 생각이 비슷한 사람들끼리만 소통하면서 편향된 사고가 강화되는 효과가 나타나는 효과를 의미하는데, 코타와 동료들(Cota et al. 2019)은 트위터 이용자들의 정치적 성향을 측정해 에코 체임버 효과가 실제로 존재한다는 것을 검증하였다. 그들은 2016년 브라질 전 대통령 딜마 루세프의 탄핵과정에서 찬성세력의 '온라인 선전, 파급능력'(users' spreading capability)이 반대세력보다 우세했고 에코 체임버 효과로 인해 상호 간의 토론은 기대

---

4 한편 '넛지(Nudge)'는 복잡하고 넘치는 정보환경에서 최선의 이해관계를 취하는 결정을 내리는 방법으로 남이 팔꿈치로 찌르는 행위, 즉 간접적으로 행위를 유도한다는 의미이다. 현재와 같은 정보 풍요 사회에서 불합리한 결정이 불가피한 점을 인정할 때 넛징은 선택의 환경을 제공하는 장점이 있다. 또한 빅데이터 기술을 활용한 '빅 넛징(Big Nudging)'은 개인화된 정보를 제공해 사람들의 행동을 이끄는 것을 의미한다(민희·김정연 2019, 85).

할 수 없었으며, 진영에 갇힌 사람들끼리 의견이 확대·재생산되는 것을 확인하였다(Cota et al. 2019). 이와 같은 맥락에서 정치인들은 각 유권자 집단에 맞춤화된 정보를 제공하는 가운데 유권자들은 확증 편향으로 인해 주어진 정보와 주장이 기존 믿음을 확인시켜주기에 정치인으로부터 받은 정보를 그대로 수용할 가능성이 크다(캐시 오닐 2017, 311).

이상의 3가지 개념들은 온라인 커뮤니티가 긍정적이고 생산적인 공간만이 아닐 수 있다는 우려를 보여주는 것이다. 개인의 편향된 생각이 온라인 커뮤니케이션을 통해 더욱 강화될 수 있다는 점은 직접민주주의의 한계를 보여주는 현상으로 이에 대한 학계에서는 우려의 목소리가 대두되고 있다.

실제로 캐시 오닐(2017)이 제시한 바와 같이, 페이스북이 알고리즘을 조작해 선별된 글에만 노출시킴으로써 유권자의 정치적 의도를 조종할 수 있다는 실험에 주목할 필요가 있다. 페이스북 연구진은 2012년 미국 대선 당시 정치적 성향이 강한 사용자들을 실험대상으로 선정하여 선거 3개월 전부터 알고리즘을 조정해 실험 대상자의 뉴스피드에 그들의 친구가 공유한 정치 관련 뉴스가 상단에 노출되도록 하였다. 그 결과 실험집단이었던 200만 명의 투표 참여율은 전체 투표율인 64%보다 높은 67%인 것으로 나타났다.[5] 캐시 오닐은

---

5   페이스북에서 활동하는 잠재적인 유권자가 약 6100만 명이라는 점을 고려할 때 3%포인트의 차이는 중요한 정치적 결과의 차이를 가져올 수 있다(캐시 오닐 2017, 303).

온라인 플랫폼 기업들의 정치 조작에 대한 우려를 다음과 같이 지적한다. 즉, 페이스북과 같은 기업들은 "자사의 알고리즘을 조정함으로써 미국인들의 정치 행동은 물론이고 이를 통해 미국 정보의 정책을 조정할 수 있는 수단을 손에 넣었다. 또한 페이스북 알고리즘은 마음만 먹으면 수백만 명의 감정을 누구도 눈치채지 못하게 조작할 수 있다. 만약 페이스북의 알고리즘이 선거일에 사람들의 감정을 조작한다면 어떻게 될까?"(캐시 오닐 2017, 301-306).

IV. 알고리즘 민주주의의 실제

알고리즘이 민주주의를 위협하는 수단이 될 것으로 우려하는 시각은 유튜브와 가짜뉴스의 결합에 의한 영향력에 주목하고 있다. 최근의 한 연구에 따르면 유튜브가 사람들의 취미, 검색, 뉴스 등 모든 일상을 지배해가고 있는데 개인의 취향에 최적화된 정보를 제공하는 유튜브가 가짜뉴스와 결합하면서 확증편향을 강화해 저널리즘 환경이 악화되어 위기를 맞고 있다고 지적하였다(양선희 2020). 기존의 언론 매체를 대신한 알고리즘이 정치 정보의 전달자 역할을 수행해 정치적 양극화와 포퓰리즘을 조장해 사회적 갈등이 심각하다는 우려가 제기되었다.

주지하다시피 가짜뉴스에 대한 합의된 정의가 있다고 볼 수는 없지만 일반적으로는 'fake news'를 번역한 것으로 2016년 미국 대통령선거를 기점으로 언론과 학계의 관심 대상이 되었다. 가짜뉴스는 "진실하지 않은 내용을 전달하거나 사실인 것처럼 보도하거나, 실제로 존재하지 않은 사안을 기사 형태로 제공하는 정보로서 타인을 속이려 의도적으로 생산하고 유통한 잘못된 정보"로 정의할 수 있다 (김세환·황용석 2019, 157-158).

흥미로운 점은 가짜뉴스가 국내에서는 매우 최근에 확산되었으며 한국언론진흥재단의 뉴스아카이브인 빅카인즈(BigKinds)에서 10개 중앙일간지를 검색해보면 2005년 6건, 2006년 2건, 2008년 1건, 2014년 4건에 불과했으나, 2016년 미국 대선 당시 21건, 이후 2017년 699건, 2018년 1,251건의 기사가 등장해 불과 몇 년 전부터 폭발적으로 증가한 사실이다(김세환·황용석 2019, 157). 국내에서는 2018년 10월 16일 법무부가 「알 권리 교란 허위조작정보 엄정대처방안」을 발표하면서 가짜뉴스를 범국가적 문제로 인식해 대책을 마련하기 시작하였다. 20대 국회에서는 더불어민주당 박광온 의원이 「가짜정보 유통 방지에 관한 법률안」(2018년 4월 5일)을, 자유한국당 강효상 의원이 「가짜뉴스대책위원회의 구성 및 운영에 관한 법률안」(2018년 5월 9일)을 대표 발의하였다.

알고리즘에 의해 가공되고 재생산된 가짜뉴스는 궁극적으로 민주주의를 위협하는 요인으로 작용하고 있다. 가짜뉴스의 허구성을 알게 되는 순간 시민들의 정치혐오감은 가중되고 정치참여를 거부하게 되며 이는 정치(제도)와 정치인에 대한 본질적인 불신으로 확대될 가능성이 매우 크다(한갑운·윤종민 2017; 김유향 2017; 양선희 2020 재인용). 가짜뉴스는 유튜브의 동영상 추천 알고리즘을 통해 엄청난 속도로 전파되는 특성이 있는데 이는 전통적 저널리즘의 생태계를 위협하고 실제 시청하는 본인들도 가짜뉴스라고 느낄 경우가 많을 정도로 위험 노출이 일반화되어 있다.

한편 페이스북이 미국 상원에 제출한 자료에 따르면 2015년 1월 ~2017년 8월 사이 러시아에서 만들어진 가짜뉴스와 정치 광고 등 게시물을 본 미국인이 1억2,600만 명에 달하는 것으로 나타났다. 이밖에도 미국 대선 기간 중 트위터의 정치 관련 글 다섯 중 하나가 봇(자동 작성 소프트웨어)에 의해 게재되는 등 SNS 권력의 실체가 드러났다는 평가가 도출되기도 하였다(《한국일보》 2017/11/07). 독일에서도 가짜뉴스와 관련해 2017년 10월 1일 발효되어 2018년 1월부터 시행하는 「네트워크 실행법(NetzDG)」이 제정되었는데 해당 법은 페이스북/유튜브/트위터 등에서 발생하는 상대방 혹은 불특정 다수에 대한 인종차별, 성차별 및 각종 혐오성 발언은 물론이고 허위 정보 등의 생산과 확대에 대응하는 것을 내용으로 한다(이권일 2019, 84). 동 법의 제정 과정에서 표현의 자유에 대한 규제와 플랫폼 업체들의 검열 권한을 둘러싼 사회적 논쟁이 거셌지만, 범죄 수준의 가짜뉴스의 재생산과 혐오발언의 유포에 의한 사회적 폐해가 용인할 수 있는 수준을 넘어섰고 법의 제정이 오히려 표현의 자유를 보장하기 위한 불가피한 선택이라는 사회적 공감대가 형성되었다.

가짜뉴스 노출과 전파에 영향을 미치는 요인에 대한 연구에 따르면, 최근의 디지털미디어 환경이 가짜뉴스 문제를 심화시키는 원인은 크게 3가지로 첫째, 뉴스량의 비약적인 증가로 실제로 팩트 체크를 할 수 있는 양적 범위를 벗어났다는 점, 둘째, 뉴스 원본 확인의 어려움으로 뉴스 제작이 과거에 비해 쉬워짐에 따라 뉴스의 재조합과 재가공이 원본 추적을 어렵게 만들고 있으며, 셋째, 작성 주체의 불확실성으로 재가공과 재조합이 반복되고 급속하게 전파됨에 따라 원본 작성자가 누구인지 일일이 확인하는 것은 현실적으로 어렵다는 점을 들 수 있다(염정윤·정세훈 2019, 8). 이처럼 뉴스의 진위 여부를 확인하는 것은 원본 작성자와 원본의 확인이 어려운 상황이기에 거의 불가능하다고 볼 수 있다. 그러나 정치사회적 파장이 큰 경우에는 시간과 노력이 들더라도 확인이 필요하다.

한편 허위정보 및 혐오발언을 포함한 가짜뉴스에 대한 사회적 우려가 높아지면서 국내에서도 법적 규제의 필요성이 논의되고 있지만 표현의 자유를 사회 질서라는 포괄적인 법적 규제로 제한하는 것은 또 다른 차원에서 헌법적 가치를 손상할 수 있다는 우려로 쉽지 않은 현실이다. 정연우의 연구에 따르면, 법적 규제가 부당한 이유는 허위정보 여부의 판단을 누가 어떻게 할 것인지 현실적인 기준을 만들기가 어렵고 플랫폼 사업자의 자율적 규제가 본질적으로 한계가 있기 때문이다(정연우 2020, 226). 사실 허위정보를 규제하고 표현의 자유를 제한하는 내용의 법률이 다수 존재하기 때문에 별도의 추가적인 규제가 필요한지에 대해서는 논쟁이 존재한다. 허위사실로 인한 타인의 명예훼손은 형법 및 정보통신망 이용촉진 및 정보보호 등에 관한 법률에 따라, 허위사실의 공표는 공직선거법에 따라 형사처벌이 가능하다. 이처럼 가짜뉴스 규제에 대한 찬반 논란이 존재하는데, 기존에 경험하지 못한 수준의 엄청난 양의 정보와 다양한 의사가 자유롭게 표출되는데 현재의 법체계로 규제하기 어려운 현실임은 부인할 수 없는 사실이다.

　알고리즘 민주주의를 논할 때 대표적인 사례는 유튜브라고 볼 수 있는데 '유튜브 저널리즘'은 최근 한국사회의 이념적 양극화의 주요 원인 중의 하나로 주목받고 있다. 특히 스마트폰 이용자들에게 맞춤형 동영상을 지속적으로 제공하는 알고리즘은 앞서 논의한 '필터버블' 현상과 '에코 체임버' 효과 등 확증편향을 발생시켜 이념적·정서적 양극화를 강화하는 촉매로 작용하고 있다는 비난을 받고 있다.

　유튜브는 개인이 누구나 쉽게 실시간으로 정보를 생산하고 유통 및 소비할 수 있기 때문에 일반 시민들이 정보를 교환하거나 의견을 교류하는 가장 활발한 플랫폼으로 자리 잡았다. 우리나라는 해외 국가들과 비교했을 때 뉴스 관련 유튜브 이용에 있어서 차이점이 있는데 해외 국가에서는 뉴스 관련 유튜브 이용은 연령대가 높을수록 낮은 경향이 있으나, 국내의 경우 모든 연령대에서 골고루 이용하는 것을 알 수 있는데 특히 55세 이상 연령대에서 38개국 평균 이용률은 22%로 나타났지만 한국은 42%로 20% 포인트 정도 상대적으로 높게 나타났다(정정주 외 2019, 110). 주지하다시피 우리나라에서는 1인 영상미디어 제작자로 고령층이 적극적으로 참여하고 있는데 특히 이들은 정치이슈에 대한 의견 개진과 확산을 위해 유튜브를 활용하고 있는 점을 확인할 수 있다.

　유튜브 정보 규제에 대한 이용자들의 인식을 조사한 한 연구는 상당히 흥미로운 결과를 발견하였는데 허위정보에 더 많이 노출된 집단은 진보집단보다 보수/중도집단이고 60대 이용자들이 20-50대보다 허위정보 유통 가능성을 낮게 평가하는 것으로 나타났다. 또한 표현의 자유를 중시할수록, TV조선의 뉴스를 신뢰할수록 유튜브 정보 규제에 반대하는 경향이 있고 JTBC뉴스 및 지상파를 신뢰할수록 정보 규제에 찬성하는 것으로 나타났다(함민정·이상우 2020, 36). 이러한 결과는 전통적인 언론의 자유에 대한 찬반 집단과 다소 상반되는 것으로 보수적인 60대 이용자들이 오히려 유튜브에서의 표현의 자유를 더 중요하게 생각하는 것을 알 수 있는데 실제로 유튜브를 많이 사용하는 집단이기 때문이라고 생각된다.

한 가지 흥미로운 점은 뉴스 매체로서 유튜브는 기성 뉴스매체와 유사하거나 오히려 높은 수준의 신뢰를 확보하고 있는 것으로 나타난다는 것이다. 2019년 시사IN과 칸타코리아가 실시한 실시간 언론 매체 신뢰도 조사 결과 '모든 언론 매체 중 가장 신뢰하는 매체를 선택하라'는 문항에서 JTBC 15.2%, 유튜브 12.4%, KBS 9.6%의 순으로 유튜브는 단기간에 신뢰도 2위를 차지할 정도로 국내의 주요 매체로 자리 잡았다(함민정·이상우 2020). 아래의 〈그림 2-1〉과 〈그림 2-2〉는 각각 국내 스마트폰 앱 사용자 수 순위와 월 사용시간 순위를 보여주는 것으로 사용자 수에 있어서는 카카오톡에 이어 유튜브가 2위인 것으로 나타났고 사용시간에 있어서는 월 442분으로 유튜브가 1위를 차지하였다. 이처럼 실제 사용에 있어서 기존 언론 매체의 플랫폼을 능가해 명실상부한 국내 뉴스 제공의 신흥 강자로서 자리매김하게 되었다.

〈그림 2-1〉 사용자 수 앱 순위

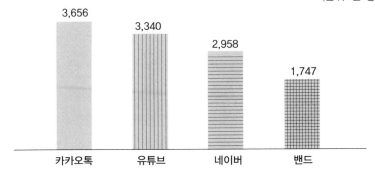

(단위: 만 명)

출처: 최진응. 2020. "유튜브 선거운동의 법적 규제 현황 및 개선 과제." 국회입법
　　조사처 『이슈와 논점』 1687호.
참조: 해당 자료는 2019년 11월, 안드로이드 기준으로 작성되었음.

〈그림 2-2〉 월 사용시간 앱 순위

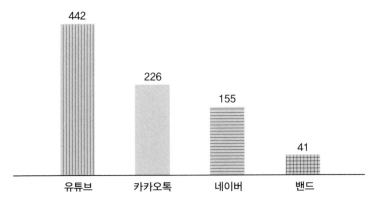

(단위: 분)

출처: 최진응. 2020. "유튜브 선거운동의 법적 규제 현황 및 개선 과제." 국회입법
　　조사처 『이슈와 논점』 1687호.
참조: 해당 자료는 2019년 11월, 안드로이드 기준으로 작성되었음.

〈그림 2-3〉의 결과는 2020년 총선 직후에 여러 매체를 대상으로 뉴스 시청빈도에 대해 조사한 것이다. 우리나라 유권자들이 뉴스를 읽거나 보는 채널로 가장 많이 활용하는 것은 온라인 뉴스 사이트/포털 사이트(3.49)이고 다음으로는 지상파 뉴스 프로그램/종합편성채널(3.43), 뉴스전문채널(3.35)로 나타났다. 한편 유튜브 등 동영상 공유서비스(2.78)는 그 사람 다음 순위였는데 소셜네트워크서비스(2.51)와 팟캐스트(2.03)의 수치를 고려할 때 기성 언론 매체(지상파 및 종합편성채널)에 못지않게 중요한 뉴스제공 매체로 자리 잡고 있다는 것을 알 수 있다. 한편 종이신문과 주간지/월간지는 이용 빈도가 상대적으로 높지 않다는 것을 알 수 있다.

〈그림 2-3〉 뉴스 이용 현황

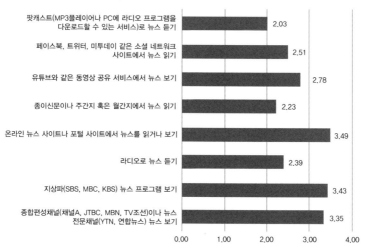

자료: 명지대학교 미래정책센터. 2020. 「2020년 총선 유권자 인식조사 데이터」.
참고: "선생님께서는 얼마나 자주 아래에 제시된 매체에서 뉴스를 읽거나 시청하십니까?"라는 질문에 대해 '1'(전혀 자세히 보거나 읽지 않는다) ~ '5'(매우 자세히 보거나 읽는다)의 5점 척도로 분석한 결과는 평균값임.

V. 알고리즘 민주주의의 쟁점과 전망

알고리즘을 단순히 가치중립적인 인공지능 기술의 영역으로 볼 수도 있지만, 실제로는 알고리즘을 기획하고 설계·구축하는 특정 인간 집단의 통제와 지배 없이는 작동하기 어려운 권력의 영역이다.[6] 즉, '맞춤형 콘텐츠'를 제공하기 위해 데이터를 필터링하고 분류하는 작업은 인간의 판단이 불가피한 영역으로 새로운 모습의 지배 권력의 탄생을 의미한다. 여기서 인간의 가치가 내재되어 인터넷과 포털 사이트는 지식의 권력화와 이념적 양극화의 유혹에서 자유롭기 어렵다. 특히 유튜브 알고리즘이 스마트폰 사용자에게 자동 생성된 편향된 정보를 끊임없이 제공해 민주주의는 위협받게 되고 새로운 기술에 의한 대의민주주의의 보완은 기대와 달리 점차 한계를 보인다.

향후 알고리즘을 기반으로 한 민주주의에 대한 논쟁은 '자유의 확대 vs 규제의 필요성'으로 점철될 가능성이 크다. 알고리즘에 대한 규제는 인공지능과 빅데이터의 4차 산업혁명의 발전에 역행할 수 있기에 보다 신중한 접근이 필요하다. 규제의 구체적인 대상과 기술적인 범위가 어느 정도가 적절한지에 대한 사회적 논의와 합의가 필요한데 아직은 이를 위한 공론화 과정이 시작 단계에 불과하다고 생각

---

6 해나 프라이(2019)는 "가장 뛰어난 알고리즘은 모든 단계마다 인간을 고려하는 알고리즘"이라고 지적한 바 있다. 이처럼 알고리즘은 제작 및 실현 등 기술의 영역뿐만 아니라 인간의 생각과 가치가 반영하는 것이 바람직하다.

된다. 새로운 기술의 발전으로 규모가 커진 정보의 흐름과 표현의 자유의 확대는 과거에 경험하지 못했던 사회적 논쟁을 야기하였다.

알고리즘 규제와 더불어 '인공지능 법인격의 인정 문제'가 중요한 쟁점으로 대두하였으나 현재까지의 법 이론에서는 이를 인정하지 않는 것을 확인할 수 있다. 다만 2017년 1월에 유럽연합의회가 인공지능 로봇을 '전자인간(Electronic Personhood)'으로 지정하는 결의안을 채택한 것은 사람이 아닌 존재가 법적 권리를 얻은 최초의 사례에 해당한다. 향후 국내외적으로 인공지능의 법인격 인정에 대한 논쟁이 지속될 것으로 예상되는데 국내의 한 연구는 인공지능의 기본적 주체성을 인정할 필요성을 제기한 바 있다(최지연 2017).

참고로 관련한 입법 현황을 살펴보면, 국회 의안정보시스템에서 전체 대수(21대 국회 포함)를 대상으로 의안명을 기준으로 '알고리즘' 및 '인공지능'을 키워드로 검색한 결과 '알고리즘'을 대상으로 한 법안은 찾을 수 없었으며 '인공지능' 관련 법률안은 총 3건을 확인하였다. 2019년의 법률안 2건은 인공지능 사업 촉진을 위한 대책을 수립한다는 내용으로 제한되었다.[7] 그러나 이상민 의원 등 11인이 2020년 7월 13일에 발의한 「인공지능 연구개발 및 산업 진흥, 윤리적 책임

---

7 「인공지능 기술개발 및 산업 진흥에 관한 법률안」(의안번호 2022593; 2019년 9월 23일 발의)은 정부가 인공지능 산업과 관련한 창업을 촉진하고 활성화하기 위하여 창업자금의 지원 및 융자 등 행정적·재정적·기술적 지원을 할 수 있도록 하는 것을 골자로 한다. 「인공지능산업 진흥에 관한 법률안」(의안번호 2023922; 2019년 11월 21일 발의) 또한 거의 동일한 내용임. 그러나 2개 법안 모두 20대 국회가 종료하면서 '임기만료폐기'되었다.

등에 관한 법률안」은 인공지능 기술개발 및 산업의 진흥에 필요한 각종 시책을 마련하는 동시에 관련 산업 개발에서 인간의 기본적인 인권 및 존엄성을 보호하는 책무성을 규정해 규제적인 측면을 포함하고 있다는 점에서 흥미롭다고 볼 수 있다.

알고리즘은 법으로 보호받아야 할 영업 비밀에 해당하기에 공개되기에는 어려움이 있어 적극적으로 법적 규제 장치를 마련하는 것은 한계가 있다.[8] 또한 공개하더라도 복잡한 알고리즘의 체계를 일반인이 이해하기 어렵기에 감시와 견제의 측면에서 실효성이 떨어지는 것 또한 사실이다. 따라서 일반인의 입장에서는 최소한 알고리즘이 어떤 경로를 통해 추천되었는지에 대한 '디지털 리터러시' 교육이 제공되어야 편향된 가짜 정보를 구분할 수 있는 역량이 갖춰질 것이다.

일각에서는 정보통신기술의 발전으로 정보 전달, 소통의 방식이 변화함에 따라 기성 정당들이 '플랫폼 정당'으로 변모해 온라인과 오프라인의 융합을 통해 대의제와 정당의 위기를 극복해야 한다고 주장하고 있다(박지영·윤종빈 2019). 물론 다양한 정치 플랫폼의 구축으로 고비용 저효율의 정치구조는 개선할 수 있지만 보다 근본적으

---

8 흥미롭게도 알고리즘에 위험성에 대한 감시가 필요하다는 주장이 학계를 중심으로 제기되고 있다. "프린스턴 대학교 연구가들은 이른바 웹 투명성 및 책임성 프로젝트를 출범시켰다. 이들은 온라인 세상에서 부자, 가난한 사람, 남성, 여성, 정신질환자 등 온갖 종류의 사람으로 위장해 활동하는 소프트웨어 로봇을 만들었다. 그런 다음 로봇이 온라인 세상에서 받는 대우를 조사함으로써 검색엔진부터 구인 구직 사이트에 이르기까지 자동화된 시스템에서의 편견과 차별을 조사하고 있다." (캐시 오닐 2017, 347).

로 자유로운 참여를 보장하고 왜곡되지 않은 개방형 정치커뮤니케이션 구조를 구축하는 것은 쉽지 않을 것으로 전망된다. 알고리즘 시대의 새로운 정치는 이러한 '확증 편향' 현상을 어떻게 극복하느냐에 달려있다고 해도 과언이 아닐 것이다. 4차 산업혁명 시대에 부합하는 미래 지향적인 '열린 참여민주주의'의 모색은 알고리즘의 중립성을 어떻게 보장할 것인가에 대한 논의와 함께 고민되어야 할 것이다.

마지막으로 함께 고민해야 할 점은, 새로운 기술의 발전이 인간의 미래를 지배하는 위기가 될 수 있다는 사실이다. 이러한 '디지털의 배신'은 시민의 자율적인 참여와 숙의로 극복할 수 있을 것이다. "일상 사회와 문화에 틈입한 신기술 알고리즘 기술 질서의 탄생과 강화, 플랫폼 기술이 구성하는 위태로운 노동과 무인 자동화의 미래, 과학기술의 반생태적 조건과 '인류세'라고 불리는 지구 위기 상황, 코로나19 국면 속 비대면 기술 확산과 노동·정보 인권 침해의 문제, 이 모든 '디지털의 배신'에서 근원적으로 벗어날 수 있는 시민 자율의 대안 가능성 여부를 생각해야 한다."(이광석 2020, 7).

참고문헌

고한석. 2015. "대선 및 총선에 활용 가능한 빅데이터 선거전략." 국회입
법조사처, 『빅데이터 시대의 선거와 정치패러다임의 변화』 세미
나 자료집.

국민의당. 2020. 국민정책배달 서비스: 철가방 홈페이지. https://www.che-
olgabang.kr/.

김세환·황용석. 2019. "가짜뉴스에 대한 한국과 EU의 비교정책 연구: 정
책형성 담론을 중심으로." 『언론정보연구』 56(2), 156–187.

동성혜. 2019. "미국 대통령선거와 정치빅데이터 유용성 분석." 『미국헌
법연구』 30(2), 99–141.

민희·김정연. 2019. "지능정보기술과 민주주의: 알고리즘 정보환경과 정
치의 문제." 『정보화정책』 26(2), 81–95.

박지영·윤종빈. 2019. "정보화 시대 대의민주주의 위기 극복을 위한 한
국형 정당모델의 모색." 『미래정치연구』 9(1), 119–142.

선지원. 2019. "인공지능 알고리즘 규율에 대한 소고–독일의 경험을 중
심으로." 『경제규제와 법』 12(1), 26–43.

양선희. 2020. "유튜브 저널리즘의 시대, 전통적 저널리즘의 대응현황과
과제." 충남대학교 『사회과학연구』 31(1), 245–262.

염정윤·정세훈. 2019. "가짜뉴스 노출과 전파에 영향을 미치는 요인: 성
격, 뉴미디어 리터러시, 그리고 이용 동기." 『한국언론학보』 63(1),
7–45.

이광석. 2020. 『디지털의 배신–플랫폼 자본주의와 테크놀로지의 유혹』.
인물과 사상사.

이권일. 2019. "소셜 네트워크 시대에 가짜뉴스(fakenews) 규제에 관한 헌법적 고찰: 독일의 소셜네트워크법에 대한 분석을 중심으로."『공법학연구』 20(1), 81-109.

정연우. 2020. "허위정보(disinformation)에 대한 대응 탐색: 시민참여 가능성을 중심으로."『한국콘텐츠학회논문지』 20(2), 226-239.

정정주·김민정·박한우. 2019. "유튜브 상의 허위정보 소비 실태 및 확산 메커니즘 생태계 연구: 빅데이터 분석 및 모델링을 중심으로."『사회과학 담론과 정책』 12(2), 105-138.

조하진·김경호. 2019. "제19대 대통령 선거의 SNS 가짜뉴스(fakenews) 네트워크 분석."『한국디지털콘텐츠학회 논문지』 20(8), 1553-1565.

중앙일보. 2020. "안철수, 공유정당 플랫폼 '철가방' 공개" 10월 6일자. https://news.joins.com/article/23887190.

조해주 외 2014. "한국형 선거빅데이터 구축방안 연구." 중앙선거관리위원회 용역 최종보고서.

최지연. 2017. "알고리즘 중립성 보장을 위한 법제연구." 한국법제연구원 일반연구보고서.

최진응. 2020. "유튜브 선거운동의 법적 규제 현황 및 개선 과제." 국회입법조사처『이슈와 논점』 제1687호.

캐시 오닐. 2017.『대량살상 수학무기』. 흐름출판.

한갑운·윤종민 2017. "가짜뉴스의 규율방법에 대한 법적 고찰."『과학기술과 법』 8, 59-90.

《한국경제》. 2019. "4차 산업혁명 이야기-'알고리즘'이 권력 도구로 이용될 위험도 커져요." 10월 28일자. https://www.hankyung.com/news/article/2019102521471.

함민정·이상우. 2020. "유튜브 정보 규제에 대한 이용자들의 인식 연구."

『한국콘텐츠학회논문지』 20(2), 36−50.

해나 프라이. 2019. 『안녕, 인간』. 와이즈베리.

Cota, Wesley, Silvio Ferreira, Romualdo Pastor−Satorras, & Michele Starnini, 2019. "Quantifying echo chamber effects in information spreading over political communication networks," *EPJ Data Science*, 8: 35.

3장 인공지능 거버넌스: 자동화된 알고리즘을 어떻게 govern해야 하는가?

황성수(영남대학교 행정학과 교수)·은종환(상지대학교 행정학과 교수)

I. 서론

인공지능(Artificial Intelligence)은 우리의 일상에 성큼성큼 다가오고 있다. 저명한 정보기술 연구기관이자 자문회사인 Gartner(2018.3)는 인공지능과 관련된 전 세계 비즈니스 분야의 경제적 가치가 2017년 6,920억 달러 대비 2020년에는 약3조 9천억 달러의 가치가 발생할 것이라 예상하고 있다. 실로 기하급수적 성장이라 할 수 있다. 2019년 한국의 연간 명목 GDP가 1조 6천억 달러에 달한다는 것을 고려하면 경제적 영향력은 이미 우리의 일상에 상당한 영향을 미치고 있다고 볼 수 있다.

인공지능의 경제적 영향 이상으로 사회적 영향은 커질 것으로 전망된다(Brynjolfsson & McAfee, 2014). 인공지능은 기존의 산업 체계를 파괴적으로 혁신하기 때문이다. 데이터를 기반으로 하는 인공지능 기술의 고도화는 기존의 사람들의 일하는 방식과 문화를 새롭게 재편할 것이다(이민화, 2016). 이러한 배경에는 인공지능과 4차 산업혁명에 따른 산업, 고용, 직업 구조의 변화가 존재한다(정보통신정책연구원, 10.2018). 결국 인공지능을 대표로 한 4차 산업혁명 시대의 도래는 기존의 실서를 파괴하고 새로운 삶의 양식을 가져올 것이라는 점에서 새로운 사회가 도래할 것이라 전망된다(Schwab, 2017).

한편, 이와 같은 산업변화에 따른 사람들의 혼란과 갈등 또한 증가할 것으로 예측된다. 최근 '타다' 도입을 둘러싼 택시업계, 정부, '타다' 업체를 위시한 신산업 업계의 갈등이 대표적 예이다. 시장에 새로운 기술에 기반을 둔 산업이 등장한다고 해도 직간접적으로 기존의 산업에 일정한 영향을 미친다. 산업에 대한 영향과 사회적 영향에 대한 파급효과를 충분히 예측하고 대처하지 못한다면 새로운 사회적 갈등과 사회적 지체(lag)를 초래할 수 있음을 알려준다. 실제로 스티븐 호킹, 일론 머스크와 같은 인공지능과 밀접한 세계의 석학과 리더들은 인공지능의 급격한 성장이 인류에 큰 위협이 될 것이라 경고하고 있다(UK Business Insider, 2016-08-08-행연보고서).

이러한 위협의 배경에는 인공지능의 보급과 활용이 단순히 과학과 기술의 발전에 그치는 것이 아니라 우리의 일상을 송두리째 바꾸어 놓고 있다는 데 있다. 인공지능에 대한 관심은 초기에는 신기술을 활용한 투자와 연구개발, 그리고 활용에 대한 관심이 증대되다가 최근에는 인공지능이 가져오는 부작용과 윤리적 규범적 이슈 등 기존의 사회질서와 어떻게 조화를 이루어 나갈 것인지에 관한 정책적 거버넌스에 대한 관심이 점차 증대되고 있다.

그러나 인공지능 거버넌스에 관한 논의는 중요함에도 불구하고 이를 구체화하기엔 난관이 존재한다. 무엇보다, 인공지능을 명확히 정확히 정의하기가 어려운 데 있다. 정의의 어려움의 근본 바탕에는 인공지능 기술발전의 속도가 빠르고 그것의 발전 방향을 인간이 예측하기 어렵다는 데 있다. 정의의 어려움으로 인한 실체 파악의 어려움은 마치 선무당이 사람을 잡듯 자칫 인공지능이 무엇인지 발전이 어떻게 될지 쉽게 예측하기 어려운 상태에서 섣부르게 규제하였다가 인공지능의 발전을 지체시켜 세계 경쟁에서 도태될 수 있다는 우려를 낳는다(주강진 et al., 2017). 이는 단순히 기술발전의 지체뿐 아니라 인공지능의 파급력을 고려할 때 사회 전체의 지체를 가져올 수도 있다는 점에서 신중한 접근이 필요하다.

이러한 난관에도 불구하고 인공지능을 둘러싼 적절한 거버넌스 구축의 시도와 연구는 세계 곳곳에서 이루어지고 있다(Zhang & Dafoe, 2020; 김병운, 2016; 류현숙, 2017). 인공지능을 적절히 통제하지 않으면 인간들의 삶에 부정적인 영향을 끼칠 것이 점차 자명해지고 있기 때문이다. 인공지능이 급속히 발전하는 현재에도 관련 거버넌스를 정비하지 않으면 불안한 미래가 올 것이라는 우려 섞인 전망은 곳곳에서 나타나고 있다. 예를 들면 인공지능을 적극적으로 활용하는 테슬라의 CEO 일론 머스크, 마이크로소프트사의 빌 게이츠, 세계적인 석학 스티븐 호킹은 인공지능이 적절히 규제되지 못한다면 인류

문명에 큰 재앙이 될 수 있음을 지속적으로 경고하고 있다.

인공지능이 일으킬 수 있는 문제점은 크게 세 가지로 구별해서 볼 수 있다. 첫째는 인공지능의 연료가 되는 데이터 수집과정에서의 문제, 둘째는 인공지능이 자율적으로 분석해내는 알고리즘의 문제, 끝으로 인공지능의 실제 활용 과정에서 드러나는 문제가 그것이다. 데이터의 문제는 많은 경우 개인정보 유출과 사생활 침해 문제와 관련된다. 인공지능 알고리즘은 데이터를 구성하는 개인정보를 바탕으로 부가가치를 생산하기 때문에 페이스북 개인정보 유출사례 같은 사고는 인공지능이 발달과 함께 언제 어디서든 발생할 수 있다(배정원, 2019.12.22.). 인공지능은 도덕적 윤리적 판단의 주체가 될 수 없다. 이러한 점 때문에 데이터를 학습하여 형성된 알고리즘은 기존의 사회적 편견을 반영하는 문제가 존재한다. 아마존이 개발한 인재 채용 알고리즘이 대표적이다. 아마존이 개발한 인재 채용을 위한 인공지능은 알고리즘은 성차별적 편견을 그대로 반영하는 문제점이 발견되어 실제 활용되지 못하고 폐지되었다. 이와 같이 개발된 알고리즘이 실제 생활에서 적용되면 예상치 못한 새로운 문제를 가져올 수 있다. 아마존의 알렉사와 같은 음성인식 기반 인공지능은 텔레비전의 음성과 실제 음성을 구분하지 못해 잘못된 주문을 하는가 하면 우버의 자율주행 자동차가 애리조나에서 자전거를 탄 사람을 인식하고도 정지하지 못해 사망사고를 낸 사실이 있다(Synced, 2018). 이런 점에서 보면 인공지능이 전 세계를 더 나은 상태로 파괴적으로 '혁신'할 것이라는 긍정적 기대뿐 아니라 '파괴적'이 된 것들의 특성을 좀 더 주의 깊게 살필 필요성을 지시한다. 즉, 인공지능이 우리 사회에 평화롭게 안착하기 위해서 기존의 법과 사회질서와 조화를 이루어 나가게끔 이끄는 것이 중요하다.

이러한 맥락에서 인공지능의 발전과 그에 적응(adaptation)이 조화를 이룰 수 있도록 하는 인공지능 거버넌스의 역할은 다음과 같은 점에서 중요하다. 첫째, 인공지능 거버넌스를 어떻게 구조화하느냐에 따라 인공지능 기술의 발전과 방향이 큰 영향을 받을 것이다. 거버넌스(governance)란 20세기 후반부터 정부의 일방적 관리방식인 거버먼트(government)와 구별되어 등장한 사회문제 해결의 접근 방식이다(Peters & Pierre, 1998; 이명석, 2002). 거버넌스 체제에서는 분화된 사회의 평등한 권리를 가진 시민사회의 다양한 참여자가 수평적 상호작용을 통해 상호 신뢰와 협력을 통해 사회문제를 해결하고 사회의 질서와 성장을 도모한다. 인공지능의 발전과 성장은 세계 경쟁 하에서 국가의 성장과 생존에 중요하다(Makridakis, 2017). 그렇기 때문에 인공지능 거버넌스는 일차적으로 인공지능 산업의 성장과 발전을 저해하지 않고 융성할 수 있도록 제도화하는 것이 중요하다.

둘째, 인공지능은 사회를 파괴적으로 혁신할 것으로 기대된다(최계영, 2015). 즉, 인공지능이 가져다주면 혁신 이면에는 파괴된 사회의 일부가 남는다는 말이다. 많은 연구들은 인공지능의 혁신적 측면에 주목하지만 파괴적인 면을 거버넌스가 적절히 다룰 필요가 있다. 인공지능의 확산으로 말미암아 기존의 산업 체계가 변하고 사회 구조와 생활양식까지 변화하게 될 것이다. 그러한 변화과정에서 등장하는 크고 작은 사회문제들에 대해 인공지능 거버넌스가 파괴된 사회를 다시 사회의 주요한 구성요소로 회복(resilience) 가능하게 하는 거버넌스를 구성하는 것은 매우 중요한 일이 될 것이다.

이와 같은 거버넌스의 중요성을 미루어볼 때, 거버넌스의 허브로 기능할 정부의 역할은 다시 한번 강조된다. 정부는 국민 전체의 생명과 안전을 위한 노력뿐 아니라 시장의 공정한 경쟁과 안정적 질서를 법과 규율로 기획하고 유지할 책임이 있다. 특히 최근 들어서는 다양한 사회적 주체와의 협력과 소통을 통한 수평적 통치인 거버넌스(governance)로 정부 운영 방식의 변화가 더욱 요구되고 있다(Peters & Pierre, 1998; Rhodes, 1997).

이 장에서는 거버넌스의 관점에서 인공지능을 바라보고자 한다. 이를 위해서 인공지능이란 무엇인지, 인공지능 거버넌스란 무엇인지에 대해 정리한다. 두 번째로는 인공지능 거버넌스에 대한 이론적 논의를 바탕으로 현재의 쟁점들을 정리한다. 세 번째로는 현재 국내에서 진행 중인 인공지능 거버넌스의 흐름을 조망하고 인공지능 개발의 선두주자라 할 수 있는 미국, 영국, 유럽, 중국의 인공지능 거버넌스의 실태를 살펴본다. 이러한 거버넌스 논의를 종합하여 마지막으로 인공지능 거버넌스에 관한 시사점을 제시해 보고자 한다.

II. 인공지능 거버넌스

1. 인공지능이란

인공지능(Artificial Intelligence)이란 언어의 의미만을 두고 보면 인간의 지능을 구현하는 인공물(기계, 컴퓨터, 로봇 등)을 지칭한다. 이러한 맥락에서 인공지능의 아버지라 불리는 John McCarthy는 인공지능이란 지능적인 기계를 만드는 과학과 공학(the science and engineering of making intelligent machines)으로 정의하였다(McCarthy, 1998). 하지만 여기서 한 걸음 더 나아가 인공지능을 명확하게 정의하기란 까다롭다(Russell & Norvig, 2016). 이러한 어려움의 배경에는 '지능(intelligence)을 구현'한다는 것의 모호함이 존재한다. Russell & Norvig(2016)에 따르면 지능을 구현한다는 것의 의미는 4가지 차원으로 구별해 볼 수 있다. 지능을 구현한다는 것이 합리성(rationality)을 의미하는 것인지 아니면 인간(human)의 지성의 상태를 추구하느냐에 따라 그리고 구현된 지능이 사고(thinking)를 의미하는 것인지 아니면 지능적 행동(behavior)까지 구현하는 것인지에 따라 4가지 차원으로 구별되는 의미로 해석할 수 있음을 말하고 있다. 4가지 관점에 따라 구현되는 인공지능의 모습은 조금씩 다르다. 이성적 사고를 하는 인공지능은 '알파고'와 같이 최적의 해(solution)를 인간의 인지적 한계를 초월하여 도출해낼 수 있는 인공물을 생각하게 한다. 이성적 행동을 하는 인공지능은 '자율주행차'와 같이 도로상황(현상)을 실시간으로 분석하여 최적의 행동을 자율적으로(automatically) 결정하고 수행하는 인공물을 생각하게 하며, 인간적 사고는 아이폰의 '시리(Siri)'나 아마존의 생활도우미 '알렉사(alexa)'와 같은 인간직 성향을 지니고 대화하는 인공물을 상상하게 한다. 인간적 행동을 하는 인공지능은 공상과학영화에 나오는 로봇(예를 들어 영화 인터스텔라 로봇 타스)을 떠오르게 한다.

〈표 3-1〉 인공지능의 개념 구분

지능의 분류	합리성(rationality)	인간(human)
사고(thinking)	이성적 사고	인간적 사고
행동(behavior)	이성적 행동	인간적 행동

출처: Russel & Norvig (2016)

네 가지 형태의 인공지능 가운데 무엇이 인공지능 인지를 확정 짓는 논의는 아직은 불필요한 것으로 보인다. 4가지 다른 형태의 인공지능이 독립적으로 존재할 수 있기 때문이다. 또한 현재의 인공지능의 현실적 형태는 기본적으로 AGI(Artificial General Intelligence)가 아닌 ANI(Artificial narrow intelligence)이기 때문이다. 특정한 문제 해결에 전문화된 AI를 ANI라고 하며, AGI는 모든 영역에서 인간 수준의 AI를 구현하는 상태를 의미한다. 따라서 구별되는 목적과 분류에 따라 다양한 형태의 인공지능을 개발할 수 있기 때문이다. 예를 들어 자율주행차는 이성적 행동을 하는 것을 주요한 목표로 하는 인공지능의 한 형태라면 아이폰의 시리(Siri)나 아마존의 알렉사(Alexa) 같은 인공지능 비서는 인간적 사고를 하는 것을 지향하는 것을 목표로 할 수 있기 때문이다.

　또한, 인공지능은 역사적으로 변화를 거듭해오고 있어 인공지능의 발전에 따라 인공지능을 바라보는 관점 또한 변화하고 있다. 초기의 인공지능을 인용한 산업군을 보면 복잡한 계산을 빠르고 정확하게 할 수 있는 기계를 지칭하는 것에서 발견되기도 하고, 마케팅 차원에서 입력된 프로그램에 따라 작동하는 기계를 인공지능이라 부르기도 하였다(예: 인공지능 압력밥솥). 인공지능을 활용한 다양한 기계장치들의 진화에 비추어 보면 인공지능이 어떤 의미로 활용되는지에 대해 좀 더 구체적인 단서를 얻을 수 있다. 마쓰오(2015)에 따르면 인공지능은 수준(level)에 따라 크게 4단계로 나누어 볼 수 있다고 하였다. 1수준은 단순한 제어프로그램을 탑재한 장치를 말한다. 2수준은 입력과 출력의 관계가 많은 지식 베이스를 활용하는 고전적 인공지능을 말한다. 예를 들어 스타크래프트와 같은 컴퓨터 게임에서 사용자 '컴퓨터'가 이러한 형태의 인공지능이라 볼 수 있겠다. 3수준에서의 인공지능은 데이터를 바탕으로 기계학습(machine learning) 알고리즘을 이용하여 학습하고 적응하는 기계를 말한다. 빅데이터를 기반으로 학습하고 고안한 모델을 기반으로 새로운 데이터를 분석해내는 인공지능 체계이다. 마지막으로 4수준의 인공지능은 딥러닝을 활용한 인공지능이다. 딥러닝은 인간의 신경망을 모방한 인공지능 체계이다. 사람 같은 AI는 현재 환상이고 사람이 준 목표를 기계학습과정을 통해 잘 수행하는 시스템에 불과하다고 한다(이경전, 2020). 또 인공지능거버넌스 기술 즉 인공지능을 감시감독(모니터링)하는 인공지능 기술의 발전이 필요하다고 하였다.

요약하면 인공지능 연구자들은 인공지능을 명확한 개념으로 언급하기보다 인공지능이 가져야 하는 고유한 질적인 특성에 주목하여 접근하고 있다(West & Allen, 2018). 인공지능의 독특한 특성으로 자율성(autonomy), 적응성(adaptivity)이 제시된다(Maes, 1993). 즉, 복잡한 환경에 대응하여 인간의 지속적인 통제와 지시 없이도 업무를 수행할 수 있는 자율성(autonomy)과 경험으로부터 학습해서 성과를 향상시킬 수 있는 적응성(adaptivity)이 인공지능의 핵심적인 특성으로 보고 있다.

2. 인공지능 거버넌스란

거버넌스(governance)의 개념은 아직까지도 명확하게 정의하기는 어렵다(이명석, 2017). 하지만 거버넌스 또는 협치는 거버먼트(government) 또는 정부와 대치되는 개념으로 2000년대 초반부터 한국 사회에 본격적으로 등장하기 시작하였다(이명석, 2002). 기존의 발전국가의 역사적 경로 하에서 일반화된 정부의 통치는 수직적 의사결정과 일방적 집행을 통해 사회문제를 해결하였다. 그러나 현대사회에 이르러 거버먼트(정부)는 여러 부문에서 한계를 드러내고 있다. 또한, 디지털 기술의 발전으로 인한 시간과 공간을 초월하여 쌍방향 의사소통이 가능해지고, 경제성장이 고도화되고 시민의식과 민주주의가 심화됨에 따라 시민단체, 이익단체, 노동조합 등 다양한 사회집단이 형성됨에 따라 그들과의 협력 없이는 사회문제를 만족할만한 수준에서 해결하기 어려운 상황이 되었다(Peters & Pierre, 1998). 이러한 시대적 변화 아래에서 거버넌스는 다중심 사회의 다양한 참여자가 수평적 관계(network)를 구축하여 협력을 통해 사회문제를 해결하는 방식으로 이해될 수 있다(이명석, 2017).

거버넌스는 다음과 같은 특징을 가진다. 첫째, 사회문제의 관리 방법이 수평적 상호작용을 통해 형성되는 '호혜적 규범과 신뢰'가 중시된다. 이를 통한 사회문제의 해결은 사회문제의 직접 당사자들이 참여할 수 있기 때문에 적실한 해결이 가능하다는 장점이 있다. 반면 호혜적 협력과 신뢰관계 구축이 어렵고 시간이 많이 소요된다는 점 그리고 결과적으로 사회문제 해결에 실패했을 때 책임소재가 불분명하다는 문제점이 지적된다(Rhodes, 1997). 둘째, 사회문제 해결의 유일한 해결방식으로서의 정부가 아닌 다양한 참여자들 간의 '협력'이 강조된다는 점이다. 이는 맹목적이고 일방적인 정부 해결 방식이 아닌 수평적 상호작용을 통한 문제 해결을 강조한다는 점에서 다양한 행위자들의 참여와 학습을 통한 시민사회의 수준을 고양시킬 수 있을 것이라는 장점을 기대할 수 있다. 반면 상호 긴밀하게 연계되어 있다는 점이 오히려 참여자들 사이의 합의를 어렵게 하여 사회적 지체나 갈등을 유발할 수 있다는 우려가 존재한다.

그러므로 인공지능 거버넌스는 인공지능의 성장과 발전 과정에서 발생하는 성장 전략뿐만 아니라 그로 인한 여러 사회문제들을 다루는 거버넌스로 이해할 수 있다. 따라서 인공지능 거버넌스는 개념적으로 다음과 같은 특징을 가질 것으로 기대할 수 있다. 첫째, 인공지능의 성장과 발전 그리고 문제점들을 직접 간접적으로 다룰 주체이다. 여기서 주체는 주요한 참여자를 지칭하는 것일 뿐만 아니라 누가 참여하고 어떤 권한과 역할을 할 것인지에 관한 제도(institution), 관리(management), 법과 규정(regulation)을 포함한다. 둘째, 인공지능 거버넌스는 고정된 제도적 틀을 가지고 특정한 세력의 우월적 지위를 보장하는 것이 아닌 수평적이고 유연한 의사결정체제로서의 성격을 가진다. 즉 인공지능의 발전과 그로 인해 불가피하게 발생하는 사회문제에 대응하기 위한 잠정적 대응체제라는 점에서 의사결정 방식이 핵심을 차지한다고 볼 수 있다. 인공지능 거버넌스 포럼 보고서(2020)에서는 인공지능 거버넌스란 "개인, 사회, 기업, 정부 등의 궁극적 목표 달성(번영, 행복 등)을 지원하는 AI시스템의 행동 목표가 적절한지, 그리고 이를 위한 AI시스템의 행동(알고리듬 등)이 적절한지를 관리하는 사회적(법적, 정책적, 사업적), 기술적 노력으로 정의할 수 있다"라고 하였다.

인공지능 거버넌스에 대해 우리 사회가 대중적 관심을 가지기 시작한 것은 2016년부터라고 볼 수 있다. 2016년 1월 다보스 세계경제포럼(World Economic Forum : WEF)을 기점으로 4차 산업혁명의 시대가 다가오고 그것이 우리 사회를 전반적으로 변화시킬 것이라는 인식이 널리 퍼져나갔다. 이를 가능하게 하는 기술의 핵심은 빅데이터와 클라우드서비스를 기반으로 한 인공지능과 알고리즘의 개발, 그리고 이를 활용한 로봇공학, 자율주행 자동차와 드론의 활용에 주목하고 있다(Schwab, 2017). 그해 국내에서는 알파고와 이세돌 9단의 바둑 대국이 세간에 관심을 받으면서 일반 대중들이 인공지능에 대한 폭발적 관심을 불러일으켰다. 사람들 사이에서는 인공지능이 가져다

주는 눈부신 사회변화에 대한 기대 (예를 들어 난치병 해결, 위험한 일의 종말, 자율주행자동차 등)와 동시에 부정적 전망에 대한 우려 (예를 들어 인공지능의 확산으로 인한 실업, 사생활의 심각한 침해, 자율살상로봇의 개발, 인공지능이 지배하는 인간사회)가 그것이다. 다음 절에서는 현재 인공지능의 가능성과 실패 사례들을 간략히 살펴보고 인공지능 거버넌스가 왜 필요한지 구체적으로 살펴본다. 그러한 다음 국내의 인공지능 거버넌스의 논의 현황에 대해서 살펴보고, 나아가 해외 선진국들의 인공지능 거버넌스에 대해서도 살펴본다. 이를 통해 현재 우리사회에 인공지능 거버넌스에 대한 시사점을 도출해 보고자 한다.

3. 인공지능 거버넌스에 관한 이론적 논의

디지털 기술과 빅데이터 산업을 바탕으로 빠르게 성장하는 인공지능 기술은 인간 생활에 빠르게 침투하고 상호 밀접히 연결하여 많은 사람들의 생활방식을 변화시키고 있다(Dafoe, 2018; Gasser & Almeida, 2017; Horvitz, 2017). 이미 인공지능을 활용한 의사결정은 민간 부문뿐만 아니라 공공부문에서 광범위하게 활용되고 있다.

페이스북이나 구글 같은 글로벌 기업은 인공지능 알고리즘을 활용하여 정보를 통제하고 관리하며, 자율주행자동차는 승객의 안전과 편리를 확보하기 위해 인공지능 기술을 활용한다. 심지어 인공지능 기술은 사진을 분석하여 실제로 그 사람의 성정체성(동성애자인지 아닌지)을 91%까지 정확하게 추정하는 데 성공하고 있다(Levin, 2017).

공공영역도 예외는 아니다. 중국 정부는 사회의 기초질서를 확립하기 위해 인공지능을 활용한 안면인식 시스템을 활용한다. 무단 횡단하는 사람이나 신호위반 하는 차량 등을 인공지능 인식 시스템을 활용하여 자동으로 범칙금을 부과하고 처벌을 수행한다. 또한 미국 시카고시에서는 인공지능 기술과 빅데이터 기술을 접목하여 치안계획을 수립하고 집행하여 총격 사고를 40% 이상 감소시켰다는 보고가 있다. 또한 범죄자의 재범 가능성을 판단하는 범죄예방 인공지능 알고리즘을 개발하여 범죄 예방에 활용하다가 최근에 오류로 인한 문제로 중단한 사례도 있다.[1] 우리나라 정부 또한 인천지역에서 유사한 알고리즘을 개발 도입하여 전년 동기간 대비 약 10%의 범죄 발생 건수가 감소했다고 보고되고 있다(행정안전부 보도자료 2019.11.29.).

이처럼 인공지능 기술이 널리 채택되면서 사회의 일각에서는 의도하지 않은 결과와 잠재적 문제점에 대한 우려의 소리가 커지고 있다. 중국 정부의 안면인식 시스템, 성정체성을 추정하는 인공지능 알고리즘은 사생활을 침해할 소지가 다분하며, 인공지능을 활용한 법률 시스템은 인간이 가진 사회적 편견을 반영하거나 조장할 가능성도 높다(Knight, 2017). 이러한 문제점들을 예방하기 위해서는 인공지능 알고리즘의 투명성, 책임성, 설명력을 보장할 수 있는 인공지능 거버넌스의 구축 필요성이 점차 높아지고 있다. 즉, 정부, 시민사회, 민

---

[1] https://www.chicagotribune.com/news/criminal-justice/ct-chicago-police-strategic-subject-list-ended-20200125-spn4kjmrxrh4tmktdjckhtox4i-story.html.

간 부문, 전문가, 학계가 다양하게 참여하는 네트워크를 바탕으로 신뢰할 수 있는 호혜적 규범을 만들어낼 필요가 있다.

최근 한 연구(Special issue, Algorithmic transparency in government, 2020 *Information Polity*)에서 중점적으로 제시하였듯이 공공부문의 영역, 즉 정부가 의사결정을 해서 행정을 집행하는 활동들이 기계학습기술과 알고리즘으로 이루어진 인공지능결정이 인간의 주관성을 최소화시켜 효율성을 가져다줄 것이라는 시각과 그 반대로 알고리즘으로 결정되는 의사결정들이 특정집단에게 불리하거나 알고리즘에 내재된 편향성으로 인해 위험성이 존재한다는 시각이 공존하고 있다. 그래서 Peeters(2020)는 공공영역에서의 인공지능을 활용한 의사결정에는 투명성(transparency) 확보뿐 아니라 사람이 감독(oversight)하고 기각(override)할 수 있는 단계가 공공조직에는 필요하다고 하였다.

인공지능에 기반을 둔 알고리즘 거버넌스는 산업뿐 아니라 정부 영역에서도 활용 가능 영역이 지속적으로 확대되고 있다. 이와 동시에 인공지능 기술의 발전과 함께 각 부문에서 인공지능에 대한 우려와 규제의 필요성에 대한 목소리도 커지고 있다(Scherer, 2015; 최은창, 2017). 즉, 인공지능의 자동화된 알고리즘 거버넌스는 인간 의사결정을 대리하여 인간의 자율성을 제한할 수 있는 가능성이 상존하고 있기 때문에 인류의 가장 큰 위협이 될 수도 있으며 인공지능에 대하여 산업발전을 핑계로 규제를 미루는 것은 미래사회에 큰 위협이 될 수 있다(윤상오 et al., 2018; 윤혜선, 2019). 오바마 행정부도 이러한 맥락에서 인공지능은 단순히 사생활 침해의 문제뿐 아니라 사회에 위협이 될 수 있음을 지적하고 있다(White House, 2016).

Burrell(2016)은 이러한 위협을 세 가지 구체적 위협으로 나누어 지적하고 있다. 첫째, 정보를 처리하는 조직이나 기업의 의도적인 은폐이다. 심각한 정보 비대칭성은 이러한 문제 발생 가능성을 높인다. 둘째, 많은 사람들이 기본적인 코드에 접근하는 것이 어렵다는 기술적인 문제이다. 인공지능은 고도의 기술적인 어려움을 가지지만 일반대중의 삶에 직접적 영향을 미친다는 점에서 대중의 기본권에 위협이 될 수 있다. 셋째, 알고리즘에 대한 해석의 어려움이다. 특히 최근에 급속히 발전하고 있는 딥러닝(deep learning) 기술은 인공지능 전문가들조차도 어떤 과정을 거쳐 인공지능이 그러한 판단을 하였는지를 알기 어렵게 한다. 결국, 인공지능 알고리즘의 불투명성은 사회의 신뢰를 떨어뜨리고 지속가능한 발전과 협력적 관계를 해칠 수 있는 큰 위협이 될 수 있다는 것이다. 그런 맥락에서 설명 가능한 인공지능(Explainable Artificial Intelligence: XAI)이 2004년 이후 전문용어로 자리를 잡게 되었다. XAI는 인공지능 연구원들이 인공지능을 개선하기 위해 사용할 수 있을 뿐만 아니라, 비전문가들과 소통하기 위한 수단이 될 수 있다. 비전문가들(예를 들어 정책결정자, 시민활동가)은 XAI를 통해 인공지능을 신뢰할 수 있는 근거를 확보할 수 있다. 인공지능이 복잡해지고 대중화되면 될수록 그 필요성이 증대할 것이다(안재현, 2020).

이러한 인공지능의 인류에의 위협은 미래의 일이 아니다. 실제로 2017년 미국 애리조나주에서는 자율주행 자동차가 사망사고를 일으켰다. 이 사례는 인공지능 거버넌스의 필요성을 극명하게 드러낸다. 특히 사망사고에 대한 책임이 누구에게 있는가에 대해 법적 제도적

장치가 미비할 뿐만 아니라 자율주행자동차가 왜 그런 의사결정을 했는지에 대해 명백한 사실이 밝혀지지 않았다. 결국 당시 자율주행 자동차에 대한 실험은 중단되면서 적절한 거버넌스 체계가 구축되지 않으면 인공지능 기술의 개발과 활용 또한 상당히 지체될 수 있음을 암시하고 있다. 또한 최근 의료 현장에서 많이 활용되는 왓슨 등 인공지능 의료 진단 시스템 판단의 신뢰성에 대한 논란이 존재하며 만약 비용을 줄이기 위해 과도한 신뢰로 왓슨을 이용한다면 이를 어디까지 허용하여야 할 것인지 그리고 사고를 예방하기 위해 어떤 규제 장치가 필요할 것인지에 대한 안정된 표준화된 규제체계가 미비한 상태이다. 이러한 문제에 대해 약속된 사전의 규율이 없다면 발생할 가능성이 있는 인공지능 기술로 인한 인간의 피해 등에 문제들은 어떻게 풀어나가야 할지에 대한 의문은 점점 커질 수밖에 없을 것이다. 동시에 인공지능이 점점 인류의 삶에 개입하는 정도가 커지고 있음을 감안할 때 이러한 문제를 방치해서는 안 될 것이다.

그러나 현재의 인공지능에 관한 규제는 자율주행자동차나 드론과 같은 몇몇 분야를 제외하고는 구체적인 규제방안이 부족한 실정이다(Scherer, 2015). 이러한 배경에는 과거의 전통적 규제 방식이 알고리즘 거버넌스가 지배하는 인공지능을 규제하는 방법으로 활용되기 어려운 면이 있기 때문이다. 즉, 전통적인 규제 방식이라 할 수 있는 생산 허가, 연구와 개발행위 관리감독, 불법행위 처벌로는 인공지능을 규제하기 어려운 측면이 있다는 것이다. 이러한 어려움의 배경에는 인공지능이 개발되고 연구되는 환경이 과거의 산업 과정과는 다르다는 점과 인공지능의 고유한 특성에서 비롯되는 어려움이 존재한다.

첫째, 인공지능의 개발은 많은 물리적 공간을 필요로 하지 않는 다(discreetness problem). 산업사회에서의 상품 생산과 달리 산업단지와 같은 특수한 공간이 필요로 하지 않기 때문에 물리적 공간에 대한 통제가 어렵다. 둘째, 이러한 특성과 연계되어 나타나는 인공지능의 개발은 분산되어 있다는 것이다. 물리적으로 집약된 공간에 밀집하여 개발될 필요가 없기 때문에 인공지능은 지역뿐 아니라 국경을 넘어서도 개발이 가능하다(diffuseness problem). 셋째, 인공지능은 개별적으로 독립된 작업으로 이루어진 기술발전의 총합(효과)을 예측하기가 불가하다(discreteness problem). 이러한 개발의 특성은 인공지능 연구자 사이에서도 서로의 구체적 개발내용에 대해 모르는 경우도 허다하다. 마지막으로 이와 같은 인공지능 연구와 개발의 독특한 특성은 연구와 개발과정을 불투명하게 만든다(opacity problem)(Scherer, 2015, p. 356). 이와 같이 인공지능의 연구와 개발과정에 대한 적절한 개입을 통해 규제하려는 전략은 그 불투명성으로 인해 전통적인 방법으로는 접근이 어렵다. 그렇지만 인공지능이 구현된 다음의 결과를 바탕으로 적절히 규제하는 방식도 여간 쉬운 것이 아니다.

인공지능은 일종의 인간 지능을 대체하는 수단이다. 이는 인간을 대체하여 자동화된 결정을 하는 것을 의미하며 인공지능이 어떤 의사결정을 하게 될지 정확히 예측하기 어렵다. 인공지능은 머신러닝 또는 딥러닝을 통해 구조적 틀 내에서 사고와 의사결정을 수행하지만 구조적 사고의 결과가 어떤 것인지는 정확히 예측하기 어렵다는 것이다. 예를 들어, 알파고와 이세돌의 바둑 대결에서 알파고는 프로그램의 분석틀 내에서 의사결정을 해서 바둑돌의 위치를 결정하지만 알파고가 왜 그런 위치에 바둑돌을 두기로 결정했는지를 인간이 파악하기 어렵다는 것이다. 바둑의 문제는 바둑판을 벗어나지 않지만 인공지능이 주요한 인간의 권리를 결정하는 위치에 도달하게 되면 문제는 심각해질 수 있다. 예를 들어 인간의 고통을 줄여주는 것이 목적인 인공지능이 있다면 인공지능은 그것을 목적으로 하는 다양한 알고리즘을 제시할 수 있을 것이다. 인공지능이 개발한 고통을 최소화하는 최적의 알고리즘이 인간의 생명을 제거하는 것일 수도 있다는 것이다(Russell & Norvig, 2016).

인공지능 거버넌스를 확립하기 위해서는 다음과 같은 핵심적인 쟁점들을 어떻게 다루어야 할지에 대한 고민이 필요하다(Gasser & Almeida, 2017, p. 3). 첫째, 정보 비대칭성(information asymmetries) 문제이다. 즉, 인공지능 알고리즘에 대해 전문적으로 이해하는 사람은 극소수에 불과하지만 인공지능 알고리즘의 판단에 의해 영향을 받는 사람은 무수히 많다. 그리고 대다수의 사람들은 인공지능 알고리즘이 어떤 경로로 그러한 의사결정을 하게 되었는지 투명하게 알기 어렵다. AI 거버넌스 체계를 확립하기 위해서는 이러한 정보 비대칭의 문제를 극복(예를 들어 예방적으로는 인공지능의 판단이 어떤 과정을 거쳐 일어났는지를 투명하게 알 수 있어야 하고, 사후적으로 문제가 발생하였을 경우 인공지능 작동에 관한 로그기록과 관련 증거들이 일반 대중들이 이해 가능한 수준으로 설명될 수 있어야 함) 할 필요가 있다.

둘째, 규범적 합의(normative consensus)의 도출이다. 인공지능 거버넌스는 다양한 이해관계자들이 밀접하게 상호 관련되어 있다. 다양한 이해관계자들이 달리 가지는 경제적, 지역적, 문화적 배경은 다양한 문화적 가치와 윤리의 충돌로 나타날 가능성이 크다. 그렇기 때문에 인공지능 거버넌스 체계를 구축하기 위해서는 이해관계자 간에 드러나는 규범적 관점의 차이를 소통하고 논의할 수 있는 공간과 이에 관한 논의와 합의, 그리고 갈등을 조정 수용해 나아가며 발전해 나갈 수 있는 AI 거버넌스 운영 방식을 고민할 필요가 있다.

셋째, 집행방식의 문제이다. 앞선 두 가지 쟁점들이 해결되었다 하너라도 이에 대한 규범을 수립하고 어떻게 실행해 나갈 것인지에 대해 기존의 국가 집행체계는 한계가 있을 것으로 보인다. 왜냐하면 AI 생태계는 불확실하고, 복잡하며, 전 세계가 밀접히 연결되어 있기 때문에 기존 정부의 국가 단위의 일방적, 기계적, 관료적 접근 방식을 통해 거버넌스 체계 수립은 한계가 노출될 것으로 보인다.

Gasser와 Almeida(2017)은 인공지능 생태계의 특성을 반영하여 다층적인 AI 거버넌스를 구성할 것을 제안하고 있다. 첫 번째 계층은 기술계층(technical layer)이다. 이 층은 인공지능의 연료라 할 수 있는 빅데이터 수집과 관리 그리고 인공지능 개발과정에 적용되는 거버넌스이다. 데이터의 수집과 관리 과정에서 공정하고 투명하며 개인의 권리를 침해하지 말아야 한다는 소극적 원칙뿐 아니라 인종, 성, 장애, 지역, 국적 등 사회적 편견으로부터 안전해야 한다. 인공지능 알고리즘은 필연적으로 사회적 영향력을 가질 수밖에 없기 때문에 개발된 인공지능 알고리즘은 책임성, 설명력, 정확성, 감사 가능성과 공정성을 지니게끔 개발되어야 한다. 두 번째 계층은 윤리적 계층(ethical layer)이다. 인공지능 알고리즘의 결과로 수행되는 행동들이 인간의 인권이나 윤리적인 원칙과 부합되어야 한다는 것이다. 세 번째 계층은 사회적 법적 계층 (social and legal layer)이다. 이 계층에서는 법적 제도를 만들고 AI 기술을 활용한 체계들을 통제하고 책임을 부여한다. 그들은 기술계층, 윤리계층, 사회 및 법적 계층으로 나아갈수록 시간적으로 장기적인 안목을 가지게 된다고 보고 있다. 왜냐하면 기술의 변화와 발전은 즉각적이고 이것이 사람들의 윤리적 이해과정을 거쳐 안정된 사회질서로 정착하면 잘 변하지 않게 되기 때문이다.

Dafoe(2018) 또한 인공지능의 파급력을 고려할 때 거버넌스를 구성할 때 고려해야 할 연구 아젠다를 크게 두 부분으로 나누어 바라볼 필요가 있음을 지적하고 있다. 하나는 기술적인 부분(technical sphere)이다. 인공지능 기술의 발전 속도와 확산영역에 대한 연구뿐 아니라 인공지능의 진보를 어떻게 측정하고 역량을 평가할 것인가의 문제, 그리고 기술의 진보가 미래에 어떻게 될 것인가의 문제를 다룰 필요가 있다고 본다. 뿐만 아니라, 인공지능의 기술 진보와 함께 인간의 안전과 안보를 어떻게 확보할 것인가에 관한 연구관심도 중요한 연구 주제라 보고 있다(Dafoe, 2018, p. 15).

두 번째 부분은 인공지능의 발전으로 인한 정치적인 문제들에 관한 연구주제(AI politics)이다. 국내정치에서 발생하는 불평등, 감시와 처벌, 집단행동의 문제에 대한 새로운 갈등 이슈뿐 아니라 인공지능의 파괴적 혁신으로 인한 일자리 대체, 재분배의 문제와 이를 둘러싼 국내 여론과 규제에 대한 논란도 주요한 연구주제가 될 것으로 예상한다. 또한 국내정치 뿐 아니라 국제 정치의 관점에서도 인공지능은 파급력이 상당할 것으로 예상된다. 글로벌 정치경제에 대한 영향 뿐 아니라 국가안보와 군비 경쟁에 대한 새로운 시각 또한 제공할 것으로 예상되기에 글로벌 인공지능 거버넌스가 요청되리라 전망하고 있다(Dafoe, 2018, p. 34).

이상의 논의를 종합하여 보면 실제 인공지능 거버넌스를 구축하는 과정에서 다음과 같은 현실적인 문제점이 있는 것으로 보인다(Gasser & Almeida, 2017). 첫째, 무엇보다 인공지능 기술의 발전이 현재 진행형이고 미래가 어떻게 귀결될 것인지는 불투명하다. 과거의 많은 사례들에서 그러하였던 깃처럼 기술이 급격하게 발전하는 단계에서 기술의 미래를 속단하기는 이르다. 그래서 인공지능 기술이 어떤 형태로 사회에 접목 활용될지 전망하기 어렵고 이에 따라 안정적인 규제의 틀을 구조적으로 설립하기는 어려움이 발생될 수밖에 없다. 둘째, 인공지능의 개발과 활용은 다양한 영역에 걸쳐 상호 밀접하게 관련되어 있다. 그러나 현재의 규제 체제는 각각 개별적으로 분리되어 있다. 즉, 의사결정 알고리즘, 인공지능, 로보틱스에 대한 각기 구별되는 규제는 현재의 인공지능 개발과 활용의 환경, 즉 상호 긴밀하게 연결되어 상호작용을 한다는 특성에 맞지 않는다. 그러하기에 일정한 영역에 대한 규제가 다른 영역에도 영향을 미쳐 혼란스러운 상황이 발생하기도 한다(Dafoe, 2018; Gasser & Almeida, 2017). 끝으로 인공지능 거버넌스는 단순히 국가단위로 통제되기는 어렵고 전 세계적 차원에서의 협력이 필요하다. 그렇기 때문에 인공지능 거버넌스는 국가 간 문화적 차이를 수용하고 국가 간 법률 제도의 차이를 극복할 수 있게끔 유연하게 기능해야 한다. 아직까지 인공지능은 급속한 발전단계에 머물러 있고, 국제 수준의 문제점이 드러나지 않고 있기 때문에 섣부르게 글로벌 거버넌스를 논의하기가 쉽지만은 않다.

다음 절에서는 국내외 현장에서 진행되고 있는 인공지능 거버넌스와 관련된 정책, 사회규범과 법률 등에 대한 사례들을 살펴보고 이에 대한 시사점을 종합해 보고자 한다.

III. 인공지능 거버넌스의 국내 및 해외 사례

1. 국내 사례

국민과 국가의 성장과정에서 대한민국 행정부는 가장 핵심적인 역할을 담당해왔다(양재진, 2005). 그러한 역사적 경로의존성(path dependency)을 가지고 있기에 인공지능의 발전과 성장에서도 한국 정부는 인공지능 관련 성장을 주도하기 위하여 여러형태의 거버넌스를 설립하고 재정적 투자를 하고 있다. 정부는 2018년 5월 「인공지능 R&D전략」을, 2019년 1월에는 「데이터, AI 경제 활성화 계획」을 발표하며 정부 주도의 대응전략을 제시하고 있다. 관련 조직으로 가장 대표적인 예가 2016년 10월에는 민간기업과 정부와 협력하여 설립한 지능정보기술연구원(AIRI)이다. AIRI는 구글 등에 대응할 수 있는 한국형 플랫폼을 개발하기 위하여 한국의 민간 대기업들이 출자하여 총 210억의 기금을 모아 설립하고 정부가 매년 150억씩 5년 동안 총 750억을 지원하기로 하여 설립한 민관협력 기관이다. 그러나 박근혜 대통령 탄핵 사건과 맞물려 연구원에 대한 신뢰가 저하되어 한동안 어려움을 겪었다. 하지만 2018년 인공지능연구원으로 법인명을 바꾸며 새로운 발전을 모색하고 있다.

또한 문재인 정부는 대통령 직속으로 4차산업혁명위원회를 설립하였다. 이 위원회에서는 4차 산업혁명과 관련된 정책을 수립하고 추진을 협의하는 다양한 전문가들을 중심으로 구성된 위원회이다. 중앙정부는 위원회의 핵심 구성원이자 거버넌스의 핵심 지원기관으로 핵심적인 역할을 담당하고 있다. 이러한 다양한 조직의 설립과 추진에 발맞추어 정부는 해외 선진국에 비하면 투자 규모는 작지만 인공지능과 관련된 투자를 급속도로 늘리고 있다. 인공지능 분야에 대한 투자액은 2016년 1,300억에서 2020년 5,978억으로 3.6배 증가하였다.

인공지능 기술개발에 대한 투자뿐 아니라 인공지능이라는 기술이 가져올 잠재적 위협에 대한 관심도 증가하고 있다. 국내에서는 과학기술정보통신부를 주축으로 이의 산하 연구기관인 과학기술평가원에서 인공지능 등 새로운 과학기술이 미래에 어떤 위험을 불러올지에 대하여 연구와 정책 개발을 하고 있다. 또한 행정안전부 디지털정부국에서 디지털 보안과 안보 관련 정책을 주도하고 있다. 그러나 이와 관련된 전문 인력이 부족하고, 조직의 역할과 담당 업무 내용 등이 계속 변화하는 등 관리가 효율적으로 이루어지고 있지 못하다는 지적이 지속적으로 제기된다(류현숙, 2017). 이러한 혼란과 난맥상 기저에는 기술위험이 구체화되지 못하고 미래전망이 불확실한 상황

하에서 법제도가 확립되지 못한 현 상태이다.

그럼에도 불구하고 폭발적으로 증가하는 인공지능 산업과 관련된 사회 이슈들을 통제하고 적절히 육성하기 위해 인공지능과 관련된 법률을 재개정하려는 시도들은 지속적으로 이루어지고 있다(신용우, 2019). 법제도 정비는 두 가지 방향에서 동시에 추진되고 있다. 하나는 기존의 법률을 정비하고 개정하여 접근하는 방법이고 다른 하나는 별도의 법률로 제정하는 방법도 제시되고 있다. 인공지능 사회의 도래를 대비한 거버넌스 정립 관련 주요법률안은 다음의 표와 같은 법안들이 계류 중이다.

〈표 3-2〉 인공지능 거버넌스 수립 관련 주요 법률안

의안 번호 (발의 일자)	법안명 (대표발의 의원)	주요 내용
2005749 ('17.2.22)	지능정보사회 기본법(제정안) (강효상 의원)	• 대통령 소속 합의제 행정기관인 지능정보사회전략위원회' 설치 • 기관별 자율 윤리위원회 설치 권고 및 기술적·재정적 지원 • 지능정보기술에 대한 기술·입법 영향평가 실시
2006030 ('17.3.7)	디지털기반 산업 기본법(제정안) (정세균 의원)	• '디지털 기반 기술' 등 정의 • 정책 심의·의결을 위한 '디지털 산업 추진위원회' 설치 • 규제 개선 및 일자리 창출 시책 마련
2006507 ('17.3.30)	제4차 산업혁명 촉진 기본법(제정안) (최연혜 의원)	• '제4차 산업혁명 전략위원회' 설치·운영·전문인력 양성, 연구개발 지원 등
2004436 ('16.12.16)	국가정보화 기본법(일부 개정안) (원유철 의원)	• '지능정보기술', '지능정보사회' 등 개념 정의 • 대통령 소속 '국가정보화전략위원회' 설치

2010140 ('17.11.10)	4차 산업혁명 대비 신산업 창출과 산업혁신 지원법(제정안) (홍익표 의원)	• 정부 정책 심의·조정을 위한 '산업혁신위원회' 설치 • '규제 샌드박스' 도입 등 전문인력 양성, 연구개발 지원 등
2011978 ('18.2.14)	국가정보화 기본법(전체 개정안) (변재일 의원)	• '4차산업혁명위원회' 설치 근거 마련 • 지능정보기술 고도화 및 지능정보서비스 확산 • 기술 안전성 보호조치 등 지능정보사회 역기능 해소 및 예방 등
2022593 ('19.9.23)	인공지능 기술개발 및 산업 진흥에 관한 법률(제정안) (이상민 의원)	• 인공지능 기술개발 및 산업진흥을 위한 기본계획·시행계획 수립 • 전문인력 양성, 표준화 지원, 시범사업 추진 • 인공지능기술 기반 집적시설 구축 지원, 인공지능산업협회 설립
2023922 ('19.11.21) 활용 특례	인공지능산업 진흥에 관한 법률안(제정안) (김경진 의원)	• 인공지능산업 진흥 기본계획·시행계획 수립 및 관련 실태조사 • 표준화 추진, 전문인력 양성, 융합 촉진, 협회 설립 • 인공지능 거점지구 조성 및 익명 정보

출처: 신용우(2019:2-3)

　　이 밖에도 관련 산업을 촉진하기 위하여 개별 법률을 제정하였
다. 관련법으로 뇌연구촉진법, 지능형 로봇 개발 및 보급 촉진법, 소
프트웨어 산업진흥법, 자율주행차 상용화 촉진 및 지원에 관한 법률,
스마트도시 조성 및 산업진흥 등에 관한 법률, 제약 산업 육성 및 지
원에 관한 특별법 등을 들 수 있으며 관련 계류되고 있는 법안도 여
럿 존재한다. 이러한 법제도들은 인공지능 발전에 따른 대응적 성격
을 가지며 개별적이고 부분적으로 신산업을 육성시키고 예상되는
문제들을 통제하려는 시도에서 추진되고 있다고 평가할 수 있을 것

이다(신용우, 2019).

〈표 3-3〉 현행 인공지능 관련 통과된 개별법률

관련 분야	의안번호 (발의 일자)	법안명 (대표발의 의원)	주요 내용
자율주행 자동차	2009686 ('17.9.27)	자동차관리법(일부개정안) (국토교통위원장)	• 자율주행자동차의 안전한 시험운행을 위하여 국토교통부장관에게 운행기록 등 운행에 관한 정보 등을 보고하도록 규정
	2019619 ('19.4.4)	자율주행자동차 상용화 촉진 및 지원에 관한 법률(제정안) (국토교통위원장)	• 자율주행을 부분/완전 자율주행으로 구분, 자율주행시스템 등 정의 • 자율주행 교통물류 기본계획 5년마다 수립 • 자율주행 안전구간 지정 및 인프라 집중관리·투자·시범운행지구 도입 및 규제특례 부여·익명처리된 개인정보 활용 시「개인정보 보호법」 등 다른 법령의 배제
드론	2014063 ('18.6.28)	드론 활용의 촉진 및 기반조성에 관한 법률(정동영 의원) ※ 수정가결	• '드론' 등 정의, 드론산업발전 기본계획 수립·드론 특별자유화구역 지정 및 드론시범사업구역 지정·관리 • 드론 교통관리시스템 구축·운영 근거 마련
로봇	2013783 ('18.5.28)	지능형 로봇 개발 및 보급 촉진법(일부개정안) (산업통상자원 중소벤처기업 위원장)	• '지능형 로봇'의 정의에 소프트웨어 포함 • '로봇산업정책협의회'를 '로봇산업정책심의회'로 변경·지능형 로봇 관련 지원시책 수립 등
스마트 도시	2012734 ('18.3.28) 16)	스마트도시 조성 및 산업진흥 등에 관한 법률(일부개정안) (황희 의원) ※ 수정가결	• 국가시범도시 지정 및 지원, 지원단 설치 • 개인정보 이용·제공, 자율주행차 운행, 드론 활용 특례 • SW사업 대기업 입찰 참여, 자가전기통신설비 용도 확대

의료	2016586 ('18.11.14)	제약산업 육성 및 지원에 관한 특별법(일부개정안) (보건복지위원장)	•제약산업 육성·지원 종합계획에 '인공지능을 이용한 신약개발 지원계획' 포함
데이터, 개인정보	2016621 ('18.11.15)	개인정보 보호법(일부개정안) (인재근 의원)	•'가명정보' 개념 정의, '개인정보' 개념 정비 • 당초 수집 목적과 합리적으로 관련된 범위 내에서 동의 없이 이용 •개인정보 감독기구를 개인정보보호위원회로 일원화
	2016622 ('18.11.15)	정보통신망 이용촉진 및 정보보호 등에 관한 법률(일부개정안)	•개인정보 보호에 관한 사항을 「개인정보 보호법」으로 이관 •온라인상 개인정보 관련 규제·감독기관을 개인정보보호위원회로 변경
	2016636 ('18.11.15)	신용정보의 이용 및 보호에 관한 법률(일부개정안) (김병욱 의원)	•본인신용정보관리업(MyData업) 도입• 프로파일링에 대해 정보주체의 설명요구 및 이의제기권 도입 •개인신용정보 전송요구권 도입

출처: 신용우(2019) 자료를 바탕으로 수정

2. 해외 사례

아래에서는 인공지능의 성장에 대응하여 인공지능 개발 선도국들은 어떠한 규제나 통제장치를 마련하고 있는지 살펴보고자 한다. 영국, 유럽연합, 미국, 그리고 중국의 인공지능 규제 현황을 순서대로 살펴보고자 한다.

가. 영국

영국은 상당히 일찍부터 인공지능이 일자리와 경제에 미치는 영향에 대한 관심을 정부와 의회 차원에서 가져왔다. 2013년 영국 정부는 여덟 가지 위대한 기술(Eight Great Technology)를 선정하여 그중 하나로 인공지능을 로봇공학과 자율시스템(Robotics and Autonomous Systems: RAS)으로 재정의하였다. 이후 영국에서 혁신을 담당하는 공공기관인 Innovate UK는 RAS의 개발과 혁신을 위해 핵심 이해관계자 집단(Special Interest Group: SIG)를 설립하여 2014년 RAS 혁신을 위한 RAS 2020을 발표하며 8가지 권고안을 제안하였다. 그 가운데 RAS의 규제에 대해서는 영국 규격협회(British Standards Institution)와 같이 기술표준과 규제와 밀접히 관련된 주체들과의 소통을 통해 구체화시켜 나갈 것을 주문하였다.

2018년에 이르러 인공지능과 RAS의 국제적 규제 기준 마련에 적극적으로 나서기 시작하였다. 국가 재정 10억 파운드를 조성하여 인공지능 부문 합의(AI Sector Deal)사업을 추진하면서 데이터윤리혁신센터, 인공지능위원회, 인공지능사무국을 신설하였다. 영국의 인공지능 규제 정책은 2018년 AI 특별위원회 보고서와 그에 대한 정부 답변서에서 구체적 모습을 찾아볼 수 있다. 답변서의 주요핵심 내용은 첫째, 인공지능의 규제 필요성과 규제가 각 산업부문에 미치는 영향을 파악하기 위해서는 해당 분야의 전문기관을 활용해야 한다는 것이다. 둘째, 인공지능의 발전에 핵심적인 역할을 하는 개인정보의 수집과 활용에 대해서는 영국의 개인정보 보호 법안(Data Protection Bill)과 유럽연합의 개인정보 보호법(General Data Protection Regulation:

GDPR)이 다루고 있다. 셋째, 규제가 혁신의 발목을 잡지 않도록 규제 샌드박스제도, 규제기관의 개척자 기금(Regulators' Pioneer Fund) 등을 조성하여 규제기관이 혁신의 조력자로 기능할 수 있도록 지원한다.

이런 점에서 보면 영국은 인공지능의 등장으로 인한 새로운 포괄적 규제체제를 형성하기보다는 기존의 규제체제 내에서 전문규제기관을 보다 유연하고 빠르게 의사 결정할 수 있도록 재구조화시켜 국민의 권리를 보호하면서도 인공지능 산업 육성을 장려하는 전략이라고 평가해 볼 수 있다.

나. 유럽연합

유럽연합(EU) 또한 인공지능과 로봇공학의 전략적 중요성에 대해 일찌감치 인식하고 여러 국제적 이슈에서 선도국가가 되기 위해 여러 조치를 발 빠르게 제시하고 있다. EU가 인공지능 규제와 관련된 조치 네 가지를 시간순으로 제시하면 다음과 같다.

첫째, 유럽의회의 로봇공학에 관한 민사법적 규율을 위한 유럽 집행위원회 권고 결의안(Resolution on Civil Law Rules on Robotics, 2017.2)이다. 이 결의안은 자율성이 점차 높아질 것으로 예상되는 로봇과 인공지능의 민사책임에 관한 법률 제정을 권고하는 내용이다. 권고안의 내용에는 리스크를 관리하는 방식의 규제 방식을 유도하고, 스마트로봇 등록 제도를 도입하고 이들에 대한 의무 책임보험제도와 보상제도 등을 마련할 것을 촉구하고 있다. 또한 장기적으로는 지능형 로봇에 전자인간(electronic person)의 법적 지위를 부여할 것인가에 대한 논의를 할 필요가 있음을 지적하고 있다(Delvaux, 2017).

둘째, 2018년 4월 25일 "유럽을 위한 인공지능 공표(Communica-tion on Artificial Intelligence for Europe)"는 유럽연합이 인공지능의 발전과 활용을 위한 거버넌스 구축을 위한 구체적인 로드맵을 제시하고 있다. 거버넌스 구축은 몇 가지 단계를 가진다. 2018년 7월까지 다양한 이해관계자들의 느슨한 연합으로 구성된 유럽 인공지능연합(AI Alliance)를 조직해서 인공지능의 진흥, 정보수집, 의견 교환, 대응 대책 마련을 위한 구심점을 구성한다. 2018년 말까지 인공지능 윤리지침에 관한 가안을 마련한다. 동시에 인공지능의 순조로운 발전을 위해 고려되어야 할 법적, 윤리적 사항을 다루기 위해 EU 회원국들의 조율 계획을 수립한다. 다음으로 2019년 인공지능과 로봇 등 제조물에 대한 책임 지침을 마련하고 이와 관련된 다양한 도전들에 대해 연구를 수행한다.

셋째, GDPR(General Data Protection Regulation: 개인정보 보호법)의 2018년 5월 25일 발효이다. 유럽연합의 개인정보 보호에 관한 규제 사항을 담고 있는 이 법은 4차 산업혁명 시대의 인공지능과 로봇 등이 수행할 일이 개인정보에 관한 권리를 침해하지 않도록 규정하고 있는 내용을 포괄하고 있다. 이 법의 제5조에서는 개인정보 수집 목적의 제한, 개인정보 처리의 최소화 원칙을 명시하고 있으며, 제22조는 프로파일링에 의한 자동화된 의사결정에 관한 규제사항을 제시하고 제13조 제2항 제f호, 제14조 제2항 제g호 및 제15조 제1항 제h호 등은 자동화된 의사결정에 대해 설명받을 권리를 구체화하고 있어 인공지능 산업이 가져올 수 있는 부작용에 대한 구체적 규제라는 평가를 받고 있다. 즉 이는 인공지능의 부작용으로 인한 사회적 신뢰 훼손을 최소화하고 법적 명확성을 보장하기 위한 유럽 집행위원회가 제정한 구체적 법 규제라 할 수 있다(윤혜선, 2019, p. 155).

특히 GDPR은 다음과 같은 점에서 획기적인 규제의 전기가 되었다는 평가를 받고 있다. 그중 하나는 설명을 요구할 권리(Right to explanation)를 규정으로 명시하고 있다는 것이다. 데이터는 적법하고 공정, 투명하게 처리(Art 05)되어야 하고 그에 대한 내용을 정보주체에게 제공할 것을 명시하고 있다(Art 13). 또한 정보보호의 투명성과 책임성을 확보하기 위한 기입윤리 제정과 이에 대한 공증을 규정(Art 40)하고 있으며, 정보주체가 이해하기 쉽게 평이한 언어를 활용하여 의사소통해야 한다고 규정(Art 12)하고 있다. 또 다른 하나는 자동화된 의사결정을 제한할 권리(Right to object to decision made by automated processing)이다. 법적 효력이 있거나 또는 개인에게 심각한 영향을 줄 수 있는 사항에 대해 자동화된 의사결정에만 근거하지 않을 권리(Art 22)가 있다. 또한 정보관리 주체는 정보 처리에 활용된 알고리즘에 대해 투명하게 정보를 제공해야 하고 정보주체의 권리를 침해할 위험의 크기에 비례하여 개인정보를 보호하기 위한 조치를 강구할 것을 요구하고 있다(Thelisson et al., 2017; 정보화진흥원, 2018).

넷째, "인공지능과 로봇공학에 관한 유럽 산업 종합 정책(Comprehensive European industrial policy on artificial intelligence and robotics)"은 2019년 2월 12일 유럽의회에 의해 채택되었다. 이 보고서는 법적 효력은 없지만 정책 의제를 설정하는 데 주요한 영향을 미친다. 보고서는 사회, 기술, 산업정책, 법체계, 윤리, 거버넌스 등 세부 분야의 기술의 산업 전략을 담고 있다. 특히 규제와 밀접히 관련된 법체계 부문에서는 개인정보 보호와 프라이버시, 책임, 소비자 보호와 역량 강화, 지적재산권, 시장 질서를 다루고 있다. 윤리부문에서는 알고리즘의 투명성, 설명 가능성, 편견의 배제를 다루고 있다.

이런 점에서 보면 유럽연합 또한 인공지능과 로봇의 발전에 선도적인 지위를 확보하기 위하여 부지런히 움직이고 있다고 평가할 수 있다. 특히 EU의 규제정책은 규범적 측면뿐 아니라 제도적 측면을 강조한다는 점에서 특징적이다. 그럼에도 불구하고 EU의 규제는 아직까지 원론적 입장에 머물러 있다고 평가할 수 있다. 이러한 배경에는 아직까지 인공지능과 로봇의 발전수준이 규제를 구체화하고 의제를 설정하기에는 발전 수준이 아직 초기 단계에 있기 때문으로 보인다.

다. 미국

미국은 시장에서의 인공지능 기술의 실현과 실제 활용에서는 선도적인 국가이기 때문에 전 세계적 관심을 받고 있다. 2016년 10월 오바마 행정부는 인공지능의 미래 준비에 관한 보고서를 발표하였다. 이 보고서에서는 AI가 가져오는 경제적 사회적 파급효과에 주목하고 인공지능을 공정성, 안정성 및 거버넌스 측면에서 적절히 규제할 필요가 있음을 지적하고 있다. 규제에 접근함에 있어서 AI가 주는 위험(risk)에 대한 분석을 토대로 기존의 규제 방식으로 대응이 가능한지 판단할 필요가 있음과 동시에 규제로 인해 혁신이 지체되어서는 안 되기에 비용과 규제로 인한 장벽을 낮출 수 있는 방법의 필요성을 언급한다. 결론적으로 규제의 거버넌스에서 기술 전문가의 참여를 중시한다고 볼 수 있다. 이런 점에서 보면 오바마 행정부의 인공지능 규제에 대한 기본 입장은 인공지능 기술의 혁신과 성장을 유도하면서 동시에 공익보호라는 규제의 근본 목적을 달성하는 원론적인 입장이었다고 평가할 수 있을 것이다.

트럼프 행정부 행정명령 제13859를 통해 인공지능 산업과 규제에 대한 구체적 구상을 보여주고 있다. 이 행정명령은 인공지능의 연구개발 및 활용에 있어서 미국의 과학적 기술적 경제적 리더십을 유지 강화하는 것을 주된 기조로 한다. 행정명령 1조 b항 인공지능 관련한 기술표준을 개발하고 안전한 테스트와 활용을 위한 규제 장벽을 낮추는 것을 명시하고 있으며, 1조 d항 시민의 자유, 프라이버시 등 미국의 가치를 보호하며 국민의 신뢰를 얻고 인공지능 기술의 잠재력을 발휘하는 것을 주요한 원칙으로 하고 있다.

이러한 원칙은 행정명령 제6조에서 구체화되고 있다. 이 조항에 따르면 연방예산관리처장(director of Office of Management and Budget)은 주요 관계 기관 및 이해관계자들의 의견을 수렴하여 미국의 가치, 경제, 국가안보를 보호하면서 인공지능 기술의 혁신적 활용을 촉진하는 방법을 권고해야 한다고 명시되어 있다. 이후 이행계획으로 "국가 인공지능 연구개발 전략계획: 2019년 개정 계획"이 수립되었다. 이 내용 가운데 규제와 관련된 구체적 전략은 세 가지 정도가 있다. 전략3은 인공지능의 윤리적, 법적, 사회적 영향을 파악하고 적절히 다루는 것을 주요한 목표로 삼고 있으며, 영향을 다룸에 있어서 인공지능의 체계를 내재적으로 다루는 것이 중요하며. 설계에 의해 공정성, 투명성, 책무성 등을 개선하여 윤리적 인공지능시스템 구축하는 것을 중시한다. 전략4는 인공지능 시스템의 안정성과 보안을 보장하는 것을 목표로 한다. 인공지능에 대한 신뢰구축은 설명 가능성, 투명성의 개선, 인공지능 시스템의 검증(verification) 및 성능 확인(validation)을 통해 달성될 수 있다. 전략6은 기준 및 표준을 개발하고 벤치마크를 활용하여 인공지능 기술을 측정하고 평가하는 것이 고려된다. 평가하기 위한 항목에는 안정성, 보안, 프라이버시, 추적 가능성 등 미국의 안보와 국민의 권리를 보호할 수 있는지를 평가하기 위한 항목이 포함된다.

인공지능 기술의 세계적 선도국가라 할 수 있는 미국에서도 기술의 특성과 불확실성으로 말미암아 인공지능 정책의 방향과 지향점을 원론적으로 제시하는 수준에 머무르고 있으나 2019년에 이르러 좀 더 진일보한 방향을 구체적으로 제시하고 있는 것으로 보인다. 이는 2019년에 발표된 "국가 인공지능 연구개발 전략계획: 2019년 개정 계획"에서 드러난다. 즉, 인공지능 시스템의 투명성, 공정성, 설명 가능성, 추적 가능성, 윤리적 설계 등을 위해 인공지능 테스트베드의 확대 등을 제안하고 있다.

이러한 접근 방식은 유럽연합의 접근 방식과 궤를 같이하고 있는 것으로 판단된다. 즉 기존의 규제 방식으로 인공지능의 확장을 수용할 수 있는지를 지속적으로 확인해 나가면서 인공지능을 활용한 산업과 혁신에 지장을 주지 않도록 전문가 중심의 거버넌스 체계를 구축해 나아가는 것이다. 인공지능의 위협에 대한 가치판단은 서구 자본주의 문화가 중시하는 개인의 인권과 프라이버시뿐 아니라 공정성, 투명성에 대한 윤리적 요소이다. 이와 같은 유사한 접근 방식은 서구권 문화의 생활양식에서 비롯된 것으로 볼 수 있기에 상반되는 사회문화적 구조를 가지면서 인공지능 분야의 또 다른 선도국가인 중국의 인공지능 규제 정책을 살펴볼 필요가 있다.

라. 중국

2017년 7월 중국 국무회의는 "차세대 인공지능 개발계획"을 발표했다(백서인, 2017). 이 계획의 핵심 목표는 2020년까지 중국의 인공지능 산업 경쟁력을 세계 최고 수준에 도달하게 만드는 것이다. 이에 따라 인공지능에 대한 규제 정책도 인공지능 성장단계와 함께 제시되고 있다. 1단계는 2020년까지 인공지능이 활용되는 일부 분야에 규제를 확립하는 단계이다. 2단계는 2025년까지 보다 확장된 인공지능에 관한 법, 규제, 윤리규범, 정책 및 규제, 통제 능력 등을 확보하는 것이 목표이다. 3단계는 2030년까지 일반적인 인공지능 법체계를 통해 규제와 정책 체계를 확립하는 것을 목표로 하고 있다. 중국 정부는 이 계획의 제5장에서 비교적 더 구체화된다. 5장에서는 인공지능 발전을 촉진하는 법과 윤리규범의 개발을 중시하며 이를 위한 연구를 강화하는 것을 주요한 내용으로 한다. 구체적 내용을 살펴보면 첫째, 개인 프라이버시와 재산권을 보호하고 민, 형사상 책임의 소재를 명확히 하기 위한 연구를 수행한다. 둘째, 인공지능의 권리, 의무, 책임을 명확히 하고 이를 지원하기 위한 추적 가능성과 책임을 명확히 한다. 셋째, 우선 활용되는 자율주행차, 서비스 로봇 등에 대한 안전관리와 규제에 대한 연구개발을 바탕으로 다양한 분야의 활용 가능성을 모색한다. 넷째, 인공지능 제품에 대한 윤리 및 연구개발 설계의 표준화 지침을 개발한다. 마지막으로 인공지능의 잠재적 리스크를 평가하고 미래의 시나리오를 예측해 응급상황에 대처할 수 있는 대응 능력을 확보한다. 이런 기준들은 문화권이 다름에도 불구하고 앞선 서구 유럽 및 선진국들에서도 인공지능에 대하여 공통적으로 고민하고 있는 것으로 보인다.

또한 중국 정부는 인공지능 표준화 작업을 수행하기 위한 표준화 그룹과 인공지능 정책을 효율적으로 구현하기 위한 인공지능 전문가 자문단을 구성하였다(Allen, 2019). 이들 조직의 출범행사에서 인공지능 표준화에 대한 백서를 발표하면서 현재 인공지능에 관한 전 세계적 규제 공백 상태를 지적하고 국제적인 공조를 통한 거버넌스 구축을 통한 규제 원칙과 기준 제정을 촉진할 것을 권고하고 있다. 물론 중국 체제의 특성상(사회주의 일당 체제) 아직 드러나지 않고 있는 내부적인 국가의 논의사항이 우선한다고 추측해 볼 수도 있다.

중국은 인공지능을 시작으로 세계 선도국가가 되려는 전략을 구상하고 있는 것으로 보인다. 그러하기에 중국 실정에 맞는 규제에 대해서만 고민하기보다는 세계적 표준이 될 수 있는 프라이버시 등 개인의 권리와 의무에 관한 내용도 포괄하면서 규제전략을 펼치고 있다. 이러한 점에서 보면 인공지능에 관한 세계 선도국들의 규제 거버넌스의 흐름은 각국 모두 인공지능 기술의 선두국가가 되면서 동시에 규제 또한 전 세계에 통용될 수 있는 표준을 제시하기 위해 인간의 권리를 보호하면서도 지연 없는 인공지능의 혁신을 유도하기 위해 치열하게 경쟁하고 있다고 할 수 있을 것이다.

3. 소결

인공지능에 대한 규제는 두 마리 토끼를 쫓아야 하는 어려운 과제이다. 하나의 토끼는 인공지능 관련 산업이 잘 성장할 수 있도록 규제해야 한다는 목표이고 동시에 인공지능의 발전이 인간의 생명과 존엄, 그리고 자율성을 침해하지 않도록 통제해야 한다는 것이다. 그리고 인공지능은 무엇보다 적응적 학습(adaptive learning)을 하기 때문에 미래의 전개 양상이 어떻게 될지 상상하기 어렵다는 점에서 규제의 방향을 가늠하기 어렵다. 그럼에도 불구하고 이제까지의 논의를 토대로 규제 방향 수립에 두 가지 점을 제시하고자 한다.

첫째, 인공지능 관련 분야의 전문가를 육성하고 이들을 적극 활용할 필요가 있다는 것이다. 최근, 코로나19 사태에 대응하는 한국 정부(Moon, 2020)를 돌이켜 보면 인공지능 규제에 대한 시사점을 얻을 수 있다. 코로나19라는 전대미문의 사태에 대응하여 코로나19를 어떻게 통제해야 할지에 대해서 질병관리본부라는 전문 기관의 전문 인력에 의존하였듯이 인공지능의 발전이라는 전대미문의 사태에 적절히 대응하기 위해서는 전문조직과 전문인력을 활용하는 것이 타당해 보인다.

둘째, FDA의 디지털 헬스케어 분야에서의 인공지능 규제 방식이다. 그들은 개별제품이나 의료기기에 대한 심사가 아니라 독립적인 개발사(developer)를 기준으로 규제하는 방식을 채택했다(최윤섭, 2018). 즉, 수준 이상의 자격을 갖춘 기업에 대해서는 규제의 촘촘함을 대폭 완화시켜 혁신의 속도를 통제하지 않겠다는 것이다. FDA로부터 자격을 부여받은 회사는 이전에는 의료기기 개발, 임상시험, 인허가 이후 출시의 과정을 거쳤지만 인증 이후에는 바로 시장에 진출할 수 있게 되었다. 이러한 규제 방식은 기업의 자율성을 확보하면서도 신뢰할 수 있는 기업에게만 혜택을 부여하기 위하여 결과적으로 사람들의 건강 확보를 위한 의료 혁신을 앞당길 것으로 기대된다.

IV. 시사점

인공지능이 가져올 미래는 기회이자 동시에 위협이 되고 있다. 또한 인공지능은 빠른 성장을 통해 인간과 사회를 서로 밀접히 연결해 줄 것이라 전망되지만 그것이 선사해 주는 미래가 어떤 모습일지 섣불리 예단하기 어렵다는 위험이 존재한다. 21세기는 위험(risk)이 일상화된 사회가 될 것이라는 울리히 벡의 통찰을 다시 한번 되새길 필요가 있다. 벡은 불확실성과 복잡성이 일상생활에 널리 퍼져있는 위험사회가 도래했음을 이야기하며 사회 주체 간 끊임없는 '소통'을 바탕으로 '사전예방원칙(precautionary)', '복원력(resilience)' 개념을 중요하게 다룰 필요가 있음을 역설한다(Beck et al., 1992). 원활한 소통을 보장하면서도 갈등이나 분열을 예방하고 이를 제도 안에서 해결할 수 있는 핵심적인 제도적 장치가 인공지능 거버넌스의 핵심 요소이다.

이제까지의 논의를 종합하면 인공지능의 기술적 파급력이 인간사회에 미치는 영향이 광범위할 것으로 예상된다. 또한 인공지능과 관련된 기술(알고리즘, 데이터, 로봇)은 상호 밀접하게 연결되어 있기 때문에 어느 한 영역에 대해서만 규범체계를 구축하는 것은 실효성이 떨어진다. 그러기에 사회의 다양한 주체들이 협력하여 호혜적 규범을 만들어내고 지속가능한 사회적 제도를 형성해내는 거버넌스가 요청된다. 그리고 인공지능 거버넌스는 기술과 사회적 파급효과를 고려해서 다층적으로 구성할 필요가 있다(Gasser & Almeida, 2017). 특히 국내 인공지능 거버넌스 추진체계에서는 간과되지만 해외 선진국의 인공지능 거버넌스 체계에서 중요하게 다루어지는 것은 인공지능 거버넌스의 윤리 또는 핵심 가치이다. 윤리 또는 가치는 인간의 의사를 모으고 합의를 이끌어낼 수 있는 핵심 기준이 된다는 점에서 인공지능이 재구조화하는 사회에서 가장 중요하게 다룰 필요가 있다(이원태, 2015). 즉, 인공지능이 만들어 가는 사회에 대한 지향(orientation)에 대한 규범적 논의가 필요한 시점이다.

이러한 점을 고려하여 현재 세계에서 인공지능 개발과 활용의 선두주자라 할 수 있는 구글과 마이크로소프트, 그리고 컴퓨터 과학 분야에서 가장 저명한 학술단체인 ACM(Association for Computing Machinery)은 2017년부터 공공정책에 관한 협의회(Public Policy Council)를 출범시켜 활동하여 만들어 낸 인공지능 윤리규범을 소개하면서 글을 마치고자 한다. 우선 인공지능 기술발전의 선두주자라 할 수 있는 Google과 Microsoft는 인공지능을 개발하면서 다음의 표와 같은 원칙을 정해두고 있다(Lin, April 12, 2019). 두 회사 모두 공통적으로 공정성(Fairness), 안전성(Reliability & Safety), 책임성(Accountability)을 강조하고 있다.

〈표 3-4〉 Microsoft와 Google의 인공지능 개발과 활용 원칙

Microsoft	Google
신뢰할 수 있는 AI를 설계하려면 중요하고 시대를 초월한 가치에 뿌리를 둔 윤리 원칙을 반영하는 솔루션을 만들어야 합니다.	사회에 유익할 것
공정성(Fairness): 인공지능 체계는 모든 사람을 공평하게 다루어야 한다.	불공정한 편견을 만들거나 강화하는 것을 피할 것
포용성(Inclusiveness): 인공지능 체계는 모든 사람들을 돕고 참여할 수 있어야 합니다.	안전하게 실험되고 만들어질 것
신뢰와 안전(Reliability & Safety): 인공지능 체계는 신뢰할 수 있고 안전해야 합니다.	사람들에게 책임을 질 것
투명성(Transparency): 인공지능 체계는 이해할 수 있어야 합니다.	사생활보호 원칙에 적극 협력할 것
사생활 보호와 보안(Privacy & Security): 인공지능 체계는 사생활을 보호하고 안정적이어야 합니다.	과학적 탁월함에 대한 높은 기준을 유지할 것
책임성(Accountability): 인공지능 체계는 알고리즘 책임성을 가져야 합니다.	위와 같은 원칙에 맞게 사용할 수 있도록 만들어질 것

PPC 협의회에서는 인공지능 알고리즘 개발과 활용의 과정에서 책임성을 확보하기 위한 일곱 가지의 원칙을 아래와 같이 제안하고 있다.

〈표 3-5〉 ACM의 인공지능 알고리즘 개발 원칙

원칙	해설
인지 가능성 (Awareness)	알고리즘이 사용되고 있음을 알리고 가능할 경우 사용법도 공개함
접근 가능성과 시정 (Access and Redress)	알고리즘에 대한 조사가 원칙적으로 가능해야 하며, 오류 및 잘못된 의사결정에 대한 수정 지침을 사전에 제공함
책임감 (Accountability)	알고리즘 구현과 운영을 담당하고 있는 주체를 명확히 하고 책임감을 부여함
설명 가능성 (Explanation)	인간이 이해할 수 있는 수준으로 작동원리에 대해 설명할 수 있어야 함
데이터 출처 (Data Provenance)	알고리즘의 올바른 작동을 위한 충분한 데이터를 확보하고 데이터 출처에 대한 기록과 무결성을 제공함
감사 가능성 (Auditability)	로그와 작동기록을 남김으로써 문제점이 의심될 때 감사와 분쟁 해결을 가능하도록 함.
타당성 평가와 검사 (Validation and Test)	알고리즘 성능에 대한 평가방식을 제공하고 적절한 방식으로 검사가 가능하도록 함.

자료: ACM U.S.(USACM) Pubic Policy Council & ACM Europe(EUACM) Policy Committee, Statement on Algorithmic Transparency and Accountability(2017, p. 2)

구글과 마이크로소프트사는 인공지능 기술의 활용 결과가 사회적 공정성을 확보하는데 원칙을 두어야 함을 주장하고 ACM은 기술적 투명성과 책임성을 확보하기 위한 원칙에 좀 더 무게를 두고 있다. 기술적 투명성과 검증가능성은 향후 인공지능의 활용과 사회적 적용 과정에서 드러나는 여러 갈등과 사회적 이슈에 현명하게 대처할 수 있는 중요한 준거가 된다. 이러한 점에서 양자의 원칙은 상호 밀접히 관련된다.

그리고 인공지능 기술이 점차 발전하고 적용 범위가 점차 넓어짐에 따라 어느 수준을 초월하게 되면 결국 인공지능 거버넌스는 글로벌 거버넌스로 확산될 수밖에 없다. 국제전기통신연합(ITU)이 국제정보통신 분야를 총괄하는 전문기구로 국제적 조정·협력의 역할을 수행하고 있다. 머지않은 미래에 어떠한 형태이던 인공지능에 대한 국제적 조정·협력의 역할을 수행할 기구의 필요성이 제기될 것이다. 이러한 맥락에서 우리나라는 인공지능 추진체계 구축에서 기술적 측면과 사회적 측면 양쪽 모두를 동시에 병렬적으로(two track) 추진하는 전략을 활용하는 게 바람직할 수 있다. 기술적 측면과 사회적 측면의 전문가들이 전문적으로 역할을 하는 소위원회를 두고 이 소위원회가 종합적, 융합적으로도 작동할 수 있는 운영의 묘를 발휘하는 추진체계 구축이 필요하다. 산, 학, 연을 아우르는 정부의 거버넌스 구축 논의의 장이 다층적으로 마련되어야 할 필요가 있다. 이 경우 기술과 사회변화 양쪽 측면 모두의 소통과 융합이 조금 더 효과적으로 될 수 있으며, 정부의 역할도 상황과 영역에 따라 더 긍정적이고 구체적으로 제시될 수 있다.

이러한 제안은 인공지능거버넌스포럼 보고서(2020)에서도 유사하게 제시하였다. 인공지능 거버넌스 구축은 정부가 나서서 끌어가면 안 되지만 모두 민간에만 맡겨서는 되는 일이 아닌 역설적인 상황이라 지적하면서, 정부, 민간, 학계, 소비자 단체 등이 각 부문의 노하우와 의견을 제시하고 발표할 수 있는 제도와 장을 마련해야 한다고 하였다. 규제와 통제보다는 각 부문의 협력을 장려하고 생태계를 활성화할 수 있는 정부의 역할을 강조하였다. 이 보고서에서는 구체적으로 과기정통부 재편과 범정부 인공지능 추진위원회 설립을 제안했다.

　종합하자면 인공지능이 풀고자 하는 문제의 성격에 따라 인공지
능의 바람직한 활용을 위한 거버넌스 체계구축을 위해서는 다음과
같은 정책적 제언을 고려해 볼 수 있다. 첫째, 이미 논의하였듯이 기
술적 측면과 사회적 측면을 병렬적으로 운영하는 전략을 고려 해 볼
필요가 있다. 둘째, 글로벌 거버넌스 구축을 대비할 필요가 있다. 머
지않은 미래에 인공지능에 대한 국제적 조정·협력의 역할을 수행할
기구의 필요성이 제기될 것이다(은종환·황성수, 2020). 셋째, 디지털 특
성에 맞춘 거버넌스를 때때로 모색할 필요가 있다. 개별제품이나 의
료기기에 대한 심사가 아닌 독립적인 개발사(developer)를 기준으로
규제하는 방식의 미국 FDA의 사례를 참고할 필요가 있다(최윤섭,
2018).

참고문헌

김병운. 2016. "인공지능 동향분석과 국가차원 정책제언." 『정보화정책』, 23(1), 74-93.

류현숙. 2017. "인공지능 기술 확산에 따른 위험 거버넌스 연구." 『기본연구과제』, 2017, 1-18.

백서인. 2017. "[중국] 중국의 인공지능 발전 동향과 과제." 『과학기술정책』, 27(9), 12-17.

신용우. 2019, December 16. "인공지능 관련 입법 현황 및 전망." 국회입법조사처, 87.

양재진. 2005. "발전이후 발전주의론: 한국 발전국가의 성장, 위기, 그리고 미래." 『한국행정학보』, 39(1), 1-18.

윤상오·이은미·성욱준. 2018. "인공지능을 활용한 정책결정의 유형과 쟁점에 관한 시론." 『한국지역정보화학회지』, 21(1), 31-59.

윤혜선. 2019. "인공지능 규제 정책에 관한 연구: 주요국의 규제 정책 사례를 중심으로." 『정보통신정책연구』, 26(4), 135-176.

은종환·황성수. 2020. "인공지능을 활용한 정책의사결정에 관한 탐색적 연구: 문제구조화 유형으로 살펴 본 성공과 실패 사례 분석" 『정보화정책』, 27(4), 47-66.

이명석. 2002. "거버넌스의 개념화: "사회적 조정"으로서의 거버넌스." 『한국행정학보』, 36(4), 321-338.

이명석. 2017. 『거버넌스 신드롬』. 성균관대학교출판부.

이민화. 2016. 『인공지능과 일자리의 미래』. 국제노동브리프, 14(6), 11-24.

이원태. 2015. "인공지능의 규범이슈와 정책적 시사점." *KISDI Premium Report*, 15(7).

정보통신정책연구원. 2018.10. "4차 산업혁명시대 산업별 인공지능 윤리의 이슈 분석 및 정책적 대응방안 연구 (산업혁명위원회4차 (ed.))." 4차산업혁명위원회.

정보화진흥원. 2018. "EU의 인공지능 新 규제메카니즘: 설명가능 인공지능(XAI) (정보화진흥원 (ed.); Vols. 2018-3)." 정보화진흥원.

주강진·이민화·양희진·류두진. 2017. "4차 산업혁명과 인공지능: 현황, 사례, 규제에 대한 개괄적 고찰." 『한국경영과학회지』, 42(4), 1-14.

최계영. 2015. "인공지능: 파괴적 혁신과 인터넷 플랫폼의 진화." *KISDI Premium Report*, 5.

최윤섭. 2018. "혁신을 어떻게 규제할 것인가." 『의료정책포럼』, 16(1), 51-56.

최은창. 2017. "알고리즘 거버넌스." *FUTURE HORIZON*, 33, 28-31.

행정안전부 보도자료 2019.11.29. 빅데이터를 통한 범죄예측, 첫발을 내딛다.

AI Governance Forum Korea 2020. "인공지능(AI) 거버넌스: 이슈, 원리와 실천." https://www.youtube.com/watch?v=ltNM_4nVhCw [경전TV] AI거버넌스강의.

Allen, G. C. 2019. "Understanding China's AI Strategy: Clues to Chinese Strategic Thinking on Artificial Intelligence and National Security." Center for a New American Security Washington, DC.

Beck, U., Lash, S., & Wynne, B. 1992. *Risk society: Towards a new modernity* (Vol. 17). Sage.

Brynjolfsson, E., & McAfee, A. 2014. *The Second Machine Age: Work, Progress, and Prosperity in a Time of Brilliant Technologies*. W. W. Norton & Company.

Burrell, J. 2016. "How the machine "thinks": Understanding opacity in machine learning algorithms." *Big Data & Society*, 3(1).

Council, A. U. S. P. P. 2017. "Statement on algorithmic transparency and accountability. Communications of the ACM." https://www.thomashardysociety.com/binaries/content/assets/public−policy/acm−pres−ltr−un−re−weapons−systems.pdf.

Dafoe, A. 2018. "AI governance: a research agenda. Governance of AI Program, Future of Humanity Institute." University of Oxford: Oxford, UK. https://www.fhi.ox.ac.uk/wp−content/uploads/GovAI−Agenda.pdf

Delvaux, M. 2017. "Report with recommendations to the Commission on Civil Law Rules on Robotics 2015/2103 (INL))." European Parliament Committee on Legal Affairs.

Gasser, U., & Almeida, V. A. F. 2017. "A Layered Model for AI Governance." *IEEE Internet Computing*, 21(6), 58‑62.

Giest, Sarah and Grimmelikhuijsen, Stephan. 2020. "Introduction to Special Issue Algorithmic Transparency in Government: Towards a Multi−level Perspective." *Information Polity*. 2020：1 ‑ 9.

Horvitz, E. 2017. "AI, people, and society." *Science*, 357(6346), 7.

Knight, W. 2017. "Forget killer robots—bias is the real AI danger." *Retrieved* February, 11, 2019.

Levin, S. 2017. "New AI can guess whether you're gay or straight from a photograph." *The Guardian*, 8.

Makridakis, S. 2017. "The forthcoming Artificial Intelligence (AI) revolution: Its impact on society and firms." *Futures*, 90, 46‑60.

Peeters, Rik. 2020. "The Agency of Algorithms: Understanding Human—algorithm Interaction in Administrative Decision—making." *Information Polity*. 1‑16.

Peters, B. G., & Pierre, J. 1998. "Governance Without Government? Rethinking Public Administration." *Journal of Public Administration Research and Theory*, 8(2), 223‑243.

Rhodes, R. A. W. 1997. "Understanding Governance: Policy Networks, Governance, Reflexivity and Accountability." Open University Press.

Russell, S. J., & Norvig, P. 2016. "Artificial intelligence: a modern approach." http://thuvien.thanglong.edu.vn:8081/dspace/handle/DHTL_123456789/4010.

Scherer, M. U. 2015. "Regulating artificial intelligence systems: Risks, challenges, competencies, and strategies." *Harv. JL & Tech.*, 29, 353.

Schwab, K. 2017. *The Fourth Industrial Revolution*. Crown.

Synced. 2018, December 11. *2018 in Review: 10 AI Failures*. Medium.

Thelisson, E., Padh, K., & Celis, L. E. 2017. "Regulatory mechanisms and algorithms towards trust in AI/ML." Proceedings of the IJCAI 2017 Workshop on Explainable Artificial Intelligence (XAI), Melbourne, Australia.

Zhang, B., & Dafoe, A. 2020. "U.S. Public Opinion on the Governance of Artificial Intelligence." *Proceedings of the AAAI/ACM Conference on AI, Ethics, and Society*, 187‑193.

4장 인공지능시대 정치과정의 변화: AI후보자의 선거출마와 AI정책결정이 가져온 변화

고선규(와세다대학교 시스템경쟁력연구소 연구위원)

I. 문제 제기

현재 인공지능(AI)기술은 글로벌사회가 직면한 정치적 과제를 해결하는 수단으로 활용되고 있다. 동시에 퇴보하고 있는 민주주의를 혁신시키기 위한 방안으로도 활용되고 있다. 2016년 11월 서울에서 개최된 글로벌 리더스 포럼(Global Leaders Forum)에서 세계적인 AI연구자인 벤 괴르첼(Ben Goerzel)은 'AI 정치가(ROBAMA: Robotic Analysis of Multiple Agents)' 프로젝트를 발표하였다. AI 정치가의 개발 목적은 AI기술을 활용하여 효과적인 정책실현과 정치의 효율성 증대에 있다. 정치인이나 관료의 비효율성, 편파적인 정책결정을 극복하여 정치적 효율성 추구, 공정한 배분, 투명한 정치적 의사결정 수단으로 활용하기 위해서이다. 이렇듯 정치과정에 대한 이노베이션은 민주주의를 혁신시키는 계기가 될 것이다.

현대사회는 빅데이터 기반 위에 움직이고 있다. 빅데이터는 새로운 형태의 정책결정을 가능하게 만들었다. 기존의 에피소드(episode)에 근거한 정책결정에서 EBPM(Evidence-Based Policy Making) 방식의 정책결정으로 변환을 요구하고 있다. 즉, 기존에는 정부나 지방자치단체의 정책결정이 사례나 경험에 근거한 에피소드를 중심으로 이루어졌다. 그러나 최근에는 빅데이터가 일상화되면서 추상적인 사례나 경험보다는 데이터에 입각한 정책결정이 가능하게 된 것이다. EBPM방식의 정책결정은 다른 지역이나 외국의 경험에서 해결방안을 빌려오는 방식에서 벗어나 지역이 가지고 현황 데이터, 과거의 실적, KPI(Key Performance Indicator: 주요 실적평가 지표)등을 활용한 계량적 분석에 주목하고 있다.

이러한 정책결정방식의 전환이 시도되는 배경에는 인공지능(AI)기술이 존재한다. 인공지능(AI)은 다량의 데이터에 입각한 정책분석, 정책평가를 가능하게 만들었기 때문이다. 실제로 일본의 자치단체에서 진행되는 AI활용 정책제안에서는 목적변수(종속변수)에 영향을 주는 독립변수가 수백 가지 이상 존재한다. 지금까지 정부나 지방자치단체가 진행하는 정책결정은 사례나 경험 분석을 통한 시사점에 초점을 두는 경우가 많았다. 이러한 분석과정은 전문가나 담당자의 경험적 노하우를 필요하였다. 사례, 경험분석은 전문가나 담당자의 경험칙이나 직감에 의존하는 경향이 강하다. 동시에 정책결정과정이

'블랙박스'로 남는다. 이러한 정책결정의 불투명성은 시민들을 납득시키고 정책의 정당성을 확보하는 데 제한요인으로 작용한다.

객관적인 데이터에 근거한 가시적이고 투명화된 정책결정은 AI시대 민주주의의 새로운 조건으로 등장하였다. 이러한 새로운 요구에 따라 인공지능 정치가 확장되고 있다. 인공지능 정치는 정치과정에 인공지능(AI)기술을 적극적으로 활용하는 방식으로 진행되고 있다. 인공지능 후보자가 선거에 출마하고 인공지능이 예산편성과정에 참여하기도 한다. 인공지능기술을 활용하여 정책결정이 이루어지고, 정부의 업무수행에도 인공지능이 도입되고 있다. 인공지능기술이 정치과정에 도입됨으로써 정치의 효율성을 높이는 효과가 있다.

AI를 정치과정에 활용하는 것은 지구상에 존재하는 방대한 데이터에 기반하여 정책방안을 마련하고 동시에 실시간으로 국민들의 요구를 파악하여 최적의 정책안, 예산 배분을 가능하게 한다. AI가 정치과정에 도입되는 가장 큰 장점은 정책결정과정을 투명하게 보여주는 것이다. 어떠한 데이터를 가지고 어떤 분석방법을 통하여 국민들에게 제시된 결과가 도출되었는지 투명하게 가시화하는 것이다. 그리고 객관적인 데이터에 입각한 정책결정으로 정책의 정당성을 확보하는 점이다.

그러므로 AI정치는 현행 대의민주주의 정치체제의 한계를 AI기술로 극복한다는 정치적 실험이기도 하다. 이러한 AI정치 프로젝트가 진행된다면, 초기 단계에는 대의민주주의를 지원하는 형태로 활용될 수 있지만, 기술의 발달로 정확도가 높아지고 활동의 범위가 확대된다면 빅데이터에 기반한 직접민주주의가 가능하게 될 것으로 전망하고 있다. 여기서는 말하는 직접민주주의는 기존의 민주주의 형태와는 다른 모습을 하고 있을 수도 있다. 인공지능(AI)과 인간이 체계적으로 협업하는 새로운 형태의 정치시스템이 될 것이다.

최근 인공지능(AI)의 등장으로 인간과 기계(AI)의 협업이 증가하고 있다. 인간-기계(AI)의 새로운 파트너십은 인간사회가 직면한 당면과제들을 해결하는 수단으로 활용되고 있다. 인공지능은 방대한 데이터를 분석하여 보다 실현가능성이 높은 정책적 대안을 제시해 준다. 선거에 출마하는 후보자의 매니페스토와 이에 수반되는 예산안에 대해서도 객관적인 데이터에 입각한 예산 조달방안과 지출방법을 제시해 줄 것이다. 정치영역에서 인공지능(AI) 활용이 본격화되고 있는 상황에서 정치과정, 정책결정, 예산 편성, 국정감사과정에서도 인공지능(AI)이 핵심 이슈로 등장하고 있다.

그러므로 여기에서는 인공지능(AI)의 등장이 정치과정에 초래한 변화를 AI정치 사례에 주목하여 분석하고자 한다. 정치과정에서 인공지능(AI)의 활용은 통치의 수단으로서 인공지능(AI)을 사용하는 것을 의미하다. 그러므로 우선, 정치와 인공지능(AI)의 관계를 이론적 측면에서 고찰한다. 그리고 실제로 인공지능(AI)의 도입에 따른 정치과정의 변화를 AI후보자의 선거출마, 지방자치단체의 정책결정 사례에 주목하여 분석한다. 마지막으로 새로운 AI정치의 가능성과 과제들을 고찰해 보기로 한다.

II. 인공지능(AI)의 정치과정 참여에 대한 이론적 논의

1. 인공지능(AI)에게 권리부여의 논리

현재 상황에서 인공지능(AI)은 인간의 정치활동이나 통치기능을 보조하는 수단으로 활용되고 있다. 그러나 한편에서는 AI가 인간이 수행하는 정치나 통치기능을 대체할 수 있다는 논의가 제기되고 있다. 2018년 일본 타마시(多摩市)에서 출마한 AI후보자는 자신이 시장에 당선된다면, 시장의 역할을 인간이 아니라 AI로봇에게 대행시키겠다는 공약을 제시하였다. 선거 결과, AI후보자가 낙선하면서 우려하는 상황이 나타나지는 않았다. AI 후보자의 공약에 따르면, 현행 시장의 역할 중에서 AI 로봇이 대체할 수 있는 업무 비율은 80% 이상이라고 주장하였다(松田道人, 2020).

기존 연구에서 AI의 정치참여 또는 정치과정에 활용이나 통치의 수단으로 이용하는 것과 관련하여 자주 인용되는 학자가 제이콥 터너(Tuner Jacob)이다. 그는 『로봇의 규칙Robot Rules』에서 인간 이외의 존재에 대하여 도덕적 권리 또는 최소한 법적 권리를 인정해야 한다고 주장하였다. 그의 주장에 따르면, 인공지능(AI)에게 권리를 인정할 수 있는 논리로는 다음과 같이 4가지로 정리할 수 있다(Tuner Jacob, 2018).

첫째, AI에게 권리를 인정하는 이유는 '고통에 근거한 논리(the argument from pain)'이다. 이러한 주장은 만약 AI가 고통을 느끼는 존재라고 한다면, AI는 그러한 고통을 회피할 수 있도록 요구하는 권리가 있으며 인간은 AI의 고통을 제거해줄 의무가 있다고 본다. 이러한 논리는 18세기 공리주의자 세레미 밴덤(Jeremy Bentham)의 주장에 근거한다. 그는 『도덕과 입법원리 개론An Introduction to the Principles of Morals and Legislation, 1780)』에서 '동물은 권리를 가질 수 있는가'라는 문제는 '동물은 이성을 가지고 있는가' 또는 '동물은 언어를 사용하고 있는가'라는 관점이 아니라 '동물은 고통을 느끼고 있는가'라는 관점에서 고려해야 한다고 주장하였다(稲葉辰一郎他 외, 2020). '최대다수의 최대행복'을 추구하는 공리주의 입장에서는 AI가 고통을 느낀다면, 인간은 그러한 AI의 고통을 덜어줄 의무가 있다고 본다. 인간에게 의무가 있다면, AI에게는 권리가 있다고 하는 논리이다.

설사 이러한 논리가 정당하다고 하더라도 AI가 받는 고통은 무엇이며, 그것을 어떻게 측정, 증명할 것인가. 이 문제를 해결하지 않고서는 이러한 논리를 수용하기가 어려울 것이다. 최근 동물 권리보호 논의에서 나타나고 있는 바와 같이 고통을 무엇으로 정의하고 측정할 수 있는가 하는 문제는 여전히 논쟁적이다. 설사 AI기술이 발전하여 인간과 구별하기 어려운 형태로 고통 받고 있는 것처럼 보일지라도 그러한 고통이나 표정이 통계적 처리나 이모티콘의 표정에 불과하다면, AI의 권리를 인정하는 근거로 보기 어려울 것이다.

둘째, 앞에서 살펴본 바와 같이 AI의 고통은 실제로 느끼는 감정이 아니라 단지 고통받는 것처럼 보일지라도 '동정에 근거한 논리(the argument from compassion)'로 AI의 권리를 인정할 수 있다는 입장이다. 이러한 주장은 우선, AI가 고통을 느끼는 존재인가 아닌가에 대한 논의는 차치해두고 우리 '인간은 AI가 느끼는 고통에 공감할 수 있는가'라는 문제에 초점을 두고 있다. 만약 인간이 AI에게 특정한 업무를 주고 그것을 제대로 수행하지 못할 때, AI에게 폭행을 행사한다고 가정하자. 인간의 폭행으로 고통당하는 AI의 모습은 인간에게도 심리적으로 악영향을 미치게 된다. 그러므로 이러한 심리적 악영향을 이유로 AI에게 배려한다는 관점에서 권리를 부여할 수도 있다는 주장이다. 그렇지만 인간 내면의 '동정'에 근거하여 AI에게 권리를 부여할 수 있다고 주장하더라도 AI의 고통이 실제적인 것이 아닐 수 있다는 반박은 매우 설득적이다. AI는 인간과 달리 감정을 가지지 못한 존재라는 것이다. 이러한 상황에서 AI에게 권리를 부여한다는 것은 간단하지 않다.

셋째, '인류의 가치에 근거한 논리(the argument from value to humanity)'에 따라 AI에게 권리부여를 주장한다. 이러한 주장은 AI는 인간의 행동이나 모습을 보고 학습한다는 점에 착목한다. 만약 인간이 AI에게 고통을 주는 행위, 또는 고통을 주는 것처럼 보이는 행동을 계속한다면, AI는 이러한 행동을 학습하여 인간에게도 위해를 가할 수 있기 때문이다. 또는 AI에게 고통을 주는 인간의 행태가 일상화된다면, AI뿐만 아니라 다른 인간에게도 그러한 행위를 할 수 있다는 점에서 고려할 필요가 있다는 주장이다. 즉 AI의 고통을 방치한다는 것은 인간에게 가해질 수 있는 위험성을 높이는 결과가 되기 때문이다.

그러므로 AI에게 권리를 부여함으로써 이러한 위험성을 줄일 수 있다고 주장한다(고선규, 2021). 최근 AI의 학습능력이 높아지게 되면서 이러한 논의는 설득력이 높아지고 있다. 예를 들면, 자율주행 자동차의 경우, 알고리즘에 따라서 움직이기도 하지만 이동 중에 진행되는 학습에 따라서 운전이나 이동 패턴이 달라질 수 있기 때문이다. AI의 자율성과 인간의 자율성을 비교할 때, 공통점으로 부각되는 특징이 학습이다(고선규, 2020). AI가 인간의 행위나 감정을 모방한다는 점은 인간-AI의 관계설정에서 매우 중요한 요인이 될 것이다.

넷째, '포스트휴머니즘에 근거한 논리(the argument from post-humanism)'에 따라서 AI에게 권리부여를 주장한다. 최근 AI기술의 발달, 인간의 뇌 연구가 활발하게 진행되면서 특정분야에서 인간의 능력을 능가하는 AI를 발견하는 것은 어렵지 않게 되었다. 더구나 인간의 뇌 구조를 컴퓨터로 재현할 수 있게 되면서 뇌의 일부를 컴퓨터화하는 것도 가능하다(NHK. 2017). 대표적인 사례가 2045년 기술적 특이점을 주장하는 논리이다. 이들이 주장하는 내용들이 어느 시점에서 구체화할 것인가는 차치해두고서라도 향후 인간의 뇌 기능을 AI기술로 보강하는 것은 가능하다. 또한 그러한 존재(사이보그)가 현실화한다면, 그러한 존재에게 권리를 부여해야 한다는 주장이다(Tuner Jacob, 2018).

지금까지의 주장에 따르면, AI에게 위해를 가하지 않기 위하여 권리를 부여해야 한다는 주장이 대부분이다. 이때 AI에게 부여하는 권리는 추상적인 의미에서 도덕적인 권리이다. 이러한 도덕적 권리는 소극적 자유를 의미하는 '위해로부터 자유'에 해당할 것이다. 버린(Berlin Isaiah, 1969)의 주장에 따르면, 자유를 소극적 자유와 적극적 자유로 나눈다. 여기에서 소극적 자유는 주로 동물권리나 생태계의 권리를 주장하는 논리적 근거로 활용되고 있다.

그러나 참정권은 적극적 자유에 해당하는 전형적인 권리이다. 참정권은 '자기지배', '자기통치'의 개념과 불가분의 관계이다. 버린이 주장하고 있는 것처럼 적극적 의미의 자유는 '우리는 누구에 의해 통치되고 있는가'라는 물음에 대해서 '우리는 우리 스스로에 의해서 통치되고 있다고' 말할 수 있는 의미에서 자유이다. 피터 싱거(Singer Peter)와 같은 학자는 동물의 권리를 옹호하는 경우, 차용하는 '자유의지' 또는 '이성적 행위자성'과 같은 논리는 부적절하다고 주장한다(Singer Peter, 2009). AI의 권리와 관련해서도 마찬가지이다. 그러므로 적극적 자유나 참정권의 관점에서 AI에게 권리부여를 고려할 경우, 공적인 분야에서든 사적인 분야에서든 스스로가 스스로를 통치할 수 있다는 점이 고려되어야 한다. 이것은 AI에게 권리를 부여하기 위해서는 '자율적인 인격성'을 전제로 한다고 볼 수 있다.

그러나 이러한 논리적이고 추상적인 논의를 지속하는 한 근대적 인식에 기반한 자율적인 인격성의 논리에서 벗어날 수 없다. 현대사회가 과학기술을 인간사회에 도입하고 활용하는 것은 인간사회에 초래하는 이익과 결부되어 있기 때문이기도 하다. AI에게 권리부여가 인간사회에 막대한 편리성이나 이익을 가져온다면, 권리부여에 대한 기존 인식을 수정할 수도 있다는 주장이 제기되고 있다(Sullins, John P. 2006).

그러므로 제이콥 터너의 네 가지 논리 이외에 다섯 번째 논리로서 실용주의적 논리를 추가할 수 있다. 이러한 입장은 AI가 법적, 도덕적 권리의 주체인가 아닌가의 문제는 부차적인 문제로 인식한다.

본질적인 문제는 AI의 권리부여가 인간에게 이익이 되는지 아닌시에 초점이 맞춰진다. 즉 경제적 합리성이 판단의 기준으로 작용한다. AI 에게 권리를 부여하는 기준이 경제적 합리성에 있으므로 우선 이를 충족시키는 것이 필요하다. 그렇지만 현실적으로 AI는 인간에게 경 제적으로 이익을 가져다주는 존재로만 인식되지 않고 있다. 직업의 대체, 인간의 능력을 초월하는 AI의 등장으로 불안감이 고조되고 있 다. 이러한 상황에서 AI의 범위를 무엇으로 할 것인가. AI가 알고리 즘 또는 프로그램, 소프트웨어 등으로 인식되고 있는 현실을 고려할 때, AI에 대한 명확한 개념 정의는 쉽지 않다(고선규, 2019)

예를 들어, AI가 소프트웨어라고 가정할 때, 컴퓨터의 Windows 나 애플 아이폰의 IOS는 복수의 프로그램이나 하드웨어에서 작용한 다. AI 알고리즘은 복수의 프로그램이나 하드웨어를 가진다. 인간의 본질을 논의할 때, 빠지지 않고 등장하는 '신체의 동일성'이라는 기 준으로 개인을 규정하는 것과 같은 논리는 성립하지 않는다. 실제로 인간의 의식이나 마음은 고유한 신체성을 전제로 존재하지만, AI는 복수의 신체성 또는 불특정 다수의 신체를 가지고 있다(Tuner Jacob, 2018). AI가 복수의 신체성을 가지고 있어도 도덕적 피행위자성에 대 한 권리라는 측면에서는 문제가 되지 않는다. 즉 AI가 복수의 존재 일지라도 도덕적 배려의 수가 증가할 따름이다.

그러나 적극적 자유에 해당하는 참정권의 문제를 고려할 때, AI 의 신체적 복수성은 치명적인 불평등 문제를 제기한다. 현재 민주주 의 사회에서는 1인 1표, 모든 주권자는 평등한 권리를 전제로 성립된 다. 인간은 신체적 고유성으로 인해 1표가 주어지지만, AI에게는 복수성으로 인해 복수의 권리가 부여된다. 만약, AI 알고리즘의 신체적 복수성을 전제로 참정권이 부여된다면, 인간은 AI에게 지배당하는 결과를 초래할 수 있다. 현행 민주주의 선거에서 인간은 평등하게 1표의 가치가 부여되지만 AI알고리즘은 무한대에 가까운 권리가 각 개체에게 부여될 수 있기 때문이다. 이러한 결과는 인간이 가지는 적극적 자유의 무력화를 의미한다고 볼 수도 있다(고선규, 2021).

2. 통치수단으로 AI는 활용 가능한가: 노예로서 AI와 관료제로서 AI

AI가 참정권을 가진 주체가 아니라 인간 통치자를 지원하는 수단으로 정치나 통치과정에 참가할 수 있는 여지는 남아있을 것이다. 지금까지 살펴본 바와 같이 AI에게 법적 권리는 물론 도덕적 권리마저도 인정해서는 안 된다고 주장하는 학자들이 대부분이다. 이러한 의견을 인정하면서도 최근 기술의 발달로 AI의 능력이 인간과 비슷한 수준으로 발전하게 된 그 능력을 활용하자는 논의도 적극적으로 제기되고 있다(Guibilini 외. 2018; Floridi. Luciano 외. 2004).

세계사에서 참정권의 확대과정을 살펴보면, 참정권의 확대는 인간이 가지는 사회경제적 속성을 기준으로 제한 또는 확대되었다. 대표적인 기준이 연령, 성별, 인종, 거주 지역(도시), 국적이며. 경제적 속성은 납세, 토지보유와 같은 조건들이었다. 그러나 이러한 기준과 관계없이 미국에서와 같이 노예는 같은 인간이지만 정치참여가 원천적으로 봉쇄되었다. 노예는 법적, 도덕적 권리를 가지는 인간과 동일한 능력을 가지고 있지만 이들은 권리가 부정되었다. 노예는 보통의 권리를 가진 인간과는 달리 소유의 대상에 불과하였다(稲葉辰一郎他 외, 2020). 그리고 노예 중에서는 통치에 활용, 동원된 경우도 적지 않았다.

AI의 권리부여에 가장 적극적으로 반대하는 대표적 학자인 조안나 브리슨(Joanna J. Bryson)이 주장하는 것처럼 "장래 아무리 자율적인 AI가 개발되어 우리들의 반려로서 인간과 함께 생활하는 로봇이 탄생하여도 그러한 로봇이나 AI에게 법적, 도덕적 권리를 인정해서는 안 된다"라고 주장한다. 그 이유는 AI에게 권리부여의 근거로서 지적되는 언어, 의식, 혼 등과 같은 개념은 인간을 분석하기 위하여 만들어진 개념이며, 이러한 개념을 AI에게 적용하는 것은 혼란을 초래하는 결과가 되기 때문이라고 본다. 앞으로 로봇기술이 발달하고 기능이 향상되어도 로봇의 역할은 '반려'가 아니라 '노예'라고 주장하였다. 그러므로 AI는 인간의 편리나 이익을 위한 수단으로 활용되어야 하며 그 이상을 넘어 권리의 주체로 언급되어서는 안 된다고 본다(Bryson Joanna J., 2010).

물론 조안나 브리슨이 자신의 주장에서 사용하는 개념인 노예는 비인도적인 차별에 대한 긍정이나 필요성을 인정하는 것은 아니다. 또한, 인류 역사에서 존재한 노예제도나 존재에 대한 긍정을 의미하지는 않는다. 그녀가 언급한 노예는 비인도적인(inhuman) 존재로서 노예가 아니라 인간에 의해 소유된 인간(people you own)이며, 하인(servant)이라는 의미에서 사용하고 있다. 결국, AI를 하인처럼 이용하는 것은 긍정적이고 경제적인 측면에서도 이익이라는 주장이다. 그러면서도 그녀는 AI를 마치 인간인 것처럼 주장하고 설득하는 것은 부당하다고 주장한다.

조안나 브리슨이 AI에게 법적, 도덕적 권리부여를 부정하는 이유는 비용 증가 때문이다. 구체적으로 AI에게 도덕적 배려가 인정되는 사회에서는 AI를 하인으로 활용하는 사회보다도 그들에게 투자하는 시간과 자원의 절대량이 증가하게 된다. 이렇게 AI에게 투자하는 시간과 자원의 양이 증가하게 되면, 인간 상호 간에 이루어질 배려가 줄어들게 된다. 이러한 주장은 현실적 사회제도와 연계시켜 생각한다면, 이해하기 쉬울 것이다. 현재 컴퓨터, AI, IT기기로 인해 발생한 손해의 책임은 사용자에게 있다. IT시스템이 정상적으로 작동한 상황에서는 그것을 조작하는 사용자에게 책임을 부과하고 있다. 아무리 AI가 자율적이라고 하더라도 책임은 언제나 인간에게 있다. 그러므로 AI에게 권리를 부여하고 그들에게 책임을 물을 필요가 없다고 본다. 만약 AI에게 권리를 인정하여 책임을 묻는다면, 오히려 인격성에 대한 지나친 관대함으로 인해 발생하는 도덕적 해이가 발생할 수 있다(홍성욱, 2019).

결국, AI는 우리가 스스로의 능력을 신장시키고 우리 스스로가 정한 목표를 성취하기 위하여 활용하는 수단으로 인식해야 한다. 자율적 로봇의 정의는 내적 동기구조와 의사결정시스템을 가지고 있는 존재이다(河島茂生. 2019). 그러나 실제로 로봇은 스스로 내적 동기와 의사결정시스템을 창출, 유지, 재생산하는 것이 아니라 어디까지나 인간이 설계한다. 그리고 로봇이 가지는 목표도 인간이 설정한다. 이러한 관점에서 본다면, 로봇은 인간에 의해서 유래하는 것이라고 볼 수 있다(Bryson Joanna J., 2010).

　이러한 주장은 일견 타당한 것처럼 보이지만 현실적으로 다양한 형태의 모순이 발생하고 있다. 조안나 브리슨은 AI에 의해 발생하는 손해에 대한 책임은 전부 인간에게 귀착된다고 본다. 그러나 현실적으로 누가 얼마만큼 책임을 질 것인가는 여전히 명확하지 않다. 현실적으로 자율주행자동차가 도로에서 사망사고를 일으킨 경우, 누구의 책임으로 귀착될 것인가라는 점에서 여전히 논쟁적이고 애매한 부분이 존재한다(정연재, 2019; 고선규, 2020).

　또한, 로봇의 내적 동기구조와 의사결정시스템의 자율성이라는 기준에 대해서도 여전히 논쟁적이다. 최근 기계학습이 정착되면서 타율성이나 자율성을 기준으로 권리부여를 결정하는 문제도 한계가 지적되고 있다. 이러한 측면에서 근대적 이원론적 인식으로부터 탈각을 주장하는 논의도 적지 않다(고선규, 2019; Bruno Latour, 1993; 西垣通 외, 2019).

　결국, AI는 통치의 주체나 정치참여의 권리라는 측면에서는 부정적인 인식이 우세하다. 권리부여의 주체가 아니라 통치의 수단 또는 도구로써 활용한다는 측면에서는 대체로 긍정적인 입장이다. 더구나 AI활용이 인간사회에 경제적 이익을 가져올 수 있다는 관점에서는 긍정적이다. 그러나 현실적으로 정책결정이나 보다 효율적인 입법안 마련을 위해서 AI를 활용하는 것은 현재에도 가능하다. 재판과정에서도 AI를 활용하여 재범률을 예측하고 있다. 이렇듯 특화된 분야에서 인공지능(AI)을 만들고 활용하는 측면에서는 권리부여는 논쟁적이지 않다. 이러한 수준에서 AI 활용은 인격적 존재일 필요가 없기 때문이다.

　실제로 AI를 도구적 의미에서 통치수단으로 사용한다고 하더라도 그로 인해 발생하는 문제는 간단하지 않다. 정치와 기술과의 관계를 살펴보면, 인간이 유익한 도구로써 사용한 기술에 의해 인간의 행동이 구속, 변질되는 경우도 적지 않다. 인간이 기술을 사용하고 있지만 실제로는 기술에 의해 인간이 구속되는 경우도 존재한다. 가장 대표적인 사례가 관료조직이나 대규모 공장의 분업시스템일 것이다. 정부나 대기업에서 볼 수 있는 관료제도는 조직을 보다 효율적으로 운영하기 위한 수단으로 활용한다. 대규모 공장에서 볼 수 있는 분업구조도 마찬가지이다. 그러나 이러한 조직운영이나 시스템은 인간소외, 노동소외를 만들고 있다.

　관료조직은 포괄적 지휘명령에 복종을 낳았고 자발적 복종, 자발적 예속 상태를 만들었다. 이러한 상태는 인간소외와 노동의 소외를 가속화시키게 되었다. 이러한 선행사례에 비춰본다면, AI를 통치의 수단으로 활용한다고 볼 때, 기존과는 다른 형태로 전개될 것인가 아니면 기존의 인간소외나 자발적 예속을 심화시킬 것인가라는 문제는 중요한 쟁점이 될 것이다(Guibilini 외 2018). 그러나 최근 AI에 의한 인간의 불평등, 차별 등이 제기되면서 통치수단으로 AI를 활용하는 문제 역시 불평등, 차별, 소외나 예속을 강화시킨다는 주장도 적지 않다(Virginia Eubanks, 2018).

III. 인공지능(AI) 등장과 정치과정의 변화

1. AI 후보자의 선거출마

    2018년 4월 15일 실시된 일본의 타마시(多摩市) 시장선거에 AI 후보자가 시장 후보로 출마하였다. 정확하게 말하면, 현행 선거법상 후보자는 사람만이 출마할 수 있다. 그러므로 로봇은 시장선거에 후보자가 불가능하다. 그래서 사람이 무소속 후보자로 출마하고 시장선거에서 당선되면, 인공지능 기술로 예산 배분과 정책결정을 추진하겠다고 공약하였다. AI 후보자는 마츠다 미치히토(松田 道人, 44세) 씨로 무소속 후보이다. 이 후보자는 그림에서 보는 바와 같이 자신의 인물이 아니라 로봇의 모습을 선거포스터에 인쇄하여 제시하였다.

〈그림 4-1〉 AI 시장후보자의 선거 포스터

마츠다씨가 AI후보를 표방한 이유는 AI 정치인 프로젝트와 일맥 상통한다. 즉, AI후보는 인간 정치인과는 달리 사리사욕이 없고 특정한 조직이나 단체와 연계되어 있지 않기 때문에 중립적으로 정책결정이 가능하다고 주장한다. 더구나 정책결정과정에서 AI가 다양한 데이터를 토대로 최적의 방법으로 최적의 결과를 예측하여 도출하게 될 것이라고 주장한다(마츠다 미치히토 인터뷰, 2020.1.23). 특히, AI 후보가 자신의 핵심적인 공약으로 제시한 것은 예산편성과정에서 인공지능 활용으로 불필요한 예산을 삭감하겠다는 것이다. 그리고 자율주행시내버스 운행도 공약으로 제시하였다. 즉, 시내버스 노선을 기존의 고정된 노선과는 달리 시민들의 이동행태에 따라 유동적으로 운행한다는 것이다(Business Insider Japan, 2018).

또한 AI후보는 지역 경제 활성화 전략으로 지역통화를 발행하는 공약도 제시하였다. AI후보는 기존의 행정문서를 전부 검토하여 부적절한 부분은 수정하고 지방의회에 대해서도 부적절한 보고서를 체크하여 의원들의 의정활동과 비용지출에 대한 개혁도 공약하였다. AI후보는 인공지능 기술로 과거의 행정문서를 데이터로 활용한다는 전략이다. 자치단체의 종합계획이나 정책결정 자료를 데이터로 활용하여 지역의 '최적 방안'을 도출한다는 것이다.

2018년 시장선거에서 AI후보자는 4,013표를 획득하였으나, 낙선하고 말았다. 역시 AI 후보자가 시민들의 지지를 받기에는 아직 시기상조인 것 같다. 시민들의 반응은 AI 후보자가 주장하는 개혁의 필요성은 공감하지만 아직은 기계적인 효율성이나 합리성보다는 인간적인 성실성이 더 필요하다는 지적이다(東京新聞, 2019.5.9.).

2019년 일본에서는 '인공지능이 일본을 바꾸는 정당(AI정당)'이 창당되었다. AI정당은 각종 선거에서 후보자를 공개모집하고 있다. 실제로 2019년 4월, 타마시(多摩市) 시의원선거에서 AI정당 후보자를 출마시키게 되었다. AI정당은 타마시 의원선거에서 로봇과 함께 선거유세를 진행하였다. AI정당은 인공지능으로 공정하고 효율적인 예산 편성과 집행을 공약으로 제시하였다(Business Insider Japan, 2018.4.13). 그리고 AI정당은 효율적인 의정활동을 위하여 과거의 시의회 회의록, 시 예산, 문서 등을 DB화하는 공약도 제시하였다. 시민들의 의견반영을 위하여 시민들이 발신하는 SNS 투고 내용을 실시간으로 반영하여 편파적이지 않고 효율적인 의정활동을 전개하겠다는 것이다.

그리고 AI정당의 후보자는 타마시에 AI 변호사를 채용하고 인공지능으로 시 예산을 적정화하겠다는 공약도 제시하였다. 실제로 4년 전에 출마한 후보자들의 공약, 과거의 예산 지출내역, 중점정책을 수치화하여 예산삭감 액수를 산출하였다. 인공지능이 재산출한 예산은 복지 분야에서 46억 엔 삭감, 재난에 대비하여 책정한 예비비 예산에서 4억 엔 정도 삭감이 가능한 것으로 나타났다(AI정당 대표 마츠다 씨 인터뷰, 2020.1.23). 전체 삭감 금액은 다마시의 전체 예산 500억 엔 중에서 10% 정도에 해당하는 50억 엔이다.

AI 후보자는 유권자의 의사를 실시간으로 반영한 새로운 방식의 예산안을 선거공약으로 제시하였다. 그럼 AI 후보자가 제시한 예산작성 방법을 지방자치단체를 중심으로 살펴보기로 하자.

우선, 지방자치단체의 예산에는 중앙정부의 업무위임이나 사회

복지서비스와 같이 사업과 예산이 고정된 분야가 존재한다. 그리고 시의원이나 시장이 선거에서 공약한 정책 사업예산 등이 존재한다. 그러므로 예산 효율화는 사용처가 고정된 예산분야는 집행 방법의 효율화에 초점이 맞춰진다. 그러나 시의원이나 시장의 정책예산은 지불여부와 함께 지출방법의 효율화도 동시에 고려되어야 한다. 더 구나 정치인은 자신의 지역구에 예산을 배정하거나 특정 사업 유치를 목적으로 다양한 로비활동을 전개한다. 이러한 예산 배분방식은 지방정치는 물론 중앙정치에서도 일상적으로 나타나고 있다. 이러한 정치적 비효율성을 감소시키기 위하여 AI기술을 활용한다.[1]

AI후보는 예산편성의 효율화를 위하여 제일 먼저, 이전 선거에서 입후보한 후보자의 공약내용을 가지고 정책 DB를 구축하였다. 시의회의원선거, 시장선거에 입후보한 후보자들의 공약 중에서 추상적인 방향만 제시하고 구체적인 정책수행이 불필요한 공약에 대해서도 DB작성과정에서 제외하였다. 예를 들면, 「사람중심의 정치」, 「살기 좋은 도시 만들기」 등이다. 정책 DB에 포함된 정책 수를 확정하는 과정에서 중복된 정책은 통합한 다음, 후보자의 득표수를 정책 수로 나누었다. 정책 DB에는 나눈 값이 큰 정책 순으로 배열하였다.

정책 DB에는 추가적으로 4년간 의정논의과정이 기록된 의사록,

---

1   일본의 타마시(多摩市) 시장선거와 시의회의원선거에 출마한 AI후보자가 제시한 예산작성방법을 AI후보의 알고리즘작성자에 대한 인터뷰 조사를 실시하였다. 인터뷰조사는 일본 AI정당 대표 가토 신스케(加藤愼介) 씨, AI정당의 Chief Technology Officer(CTO) 후지모토 죠(藤本 讓) 씨와 2020년 2월 23일 동경에서 실시하였다.

지역 미디어에서 논의된 기사, 그리고 지역 유권자들의 SNS 포스딩을 계수화하여 가중치를 부과하였다. 의사록은 텍스트 분석을 통해서 의회에서 빈번하게 논의된 정책에 대해서는 가중치를 부과한다. 또한 인구규모가 유사한 자치단체 예산에서 상위를 차지하고 있는 정책인 경우에도 가중치를 부과한다. 같은 방법으로 지역의 미디어, SNS에서 자주 쟁점이 된 사업에도 가중치를 부여한다. 가중치 부여와 관련하여 중시하는 항목 중의 하나가 유권자의 반응이다. 설문조사, SNS, 미디어 보도 등에서 시민들의 반응이 좋은 정책이나 사업에도 가중치를 부과하였다.   그리고 전년도 예산과 비교하여 포인트가 많은 정책은 예산을 증액하였다. 반대로 포인트가 적은 정책은 예산을 감액하였다. 선거에서 유권자에게 약속하지 않은 정책이나 의사록에 토론내용이 존재하지 않는 예산은 배제하였다. 이렇게 작성된 예산안에 대해서 각 부서별로 의견을 청취하고 계속사업이나 예산 배정이 불요불급한 경우에는 추가하는 절차가 진행되었다. 이러한 절차는 유권자의 요구, 지지와 예산을 연동하는 방식으로 예산 책정이 이루어지고 있음을 시사하고 있다.

AI정당은 동경지역의 다치가와(立川)시 시의원선거에서도 AI후보자를 출마시키는 등 외연을 확장하고 있다. AI정당은 생활정치실현을 목표로 ① 동물학대 핫라인 개설, ② 고양이 사육과 관련된 조례제정 등과 같은 동물복지를 주요한 공약으로 제시하였다(고선규, 2019).

인공지능(AI)기술이 발전하면서 정치의 영역에서도 인공지능의 정치참여가 증가하고 있다. 이미 지적한 바와 같이 2018년 일본에서

는 동경도에 위치한 다마시 시장선거에 AI후보자가 출마하여 화제
가 되었다. 그리고 이후에도 시의원선거에서도 인공지능(AI)후보자
가 출마하였다. 일본뿐만 아니라 2020년 뉴질랜드에서도 인공지능
(AI)후보자가 활동하고 있다. 뉴질랜드 AI후보자 SAM은 소프트웨
어 개발자 닉 게릭센(Nick Gerritsen)이 개발한 인공지능이다. 2017년
11월에 언론에 처음 공개되었으며 페이스북 메신저와 연결되어 유권
자들과 대화를 나누고 다양한 정치 이슈에 대해서 자신의 의견을
피력하고 있다. 뉴질랜드 국내정치에 관련한 복지문제, 인구구조의
변화 등 다양한 이슈에 대하여 자동으로 응답한다(전황수, 2019). AI
후보자 SAM은 기후변화, 북핵문제, 환태평양 경제동반자협정, 트럼
프 미국대통령의 이스라엘 수도 발언과 이것이 중동지역에 미치는
영향 등 국제적 이슈에 대해서도 자신의 의견을 피력하고 있다. 뉴질
랜드 AI후보자 SAM은 페이스북을 통해서 관련 이슈에 대한 지식이
나 정보를 학습하고 있다.

지금까지 AI후보가 선거과정에서 제기한 다양한 변화들을 살펴
보았다. AI후보가 정치과정에서 제기하는 쟁점은 유권자의 의사가
실시간으로 반영되는 공정한 의사결정과 예산반영이다. AI후보 또는
AI정치가 강조하는 것은 공정성과 효율성이다. 기존의 정치는 정치
가 및 관료의 편파성과 정보의 한계로 의사결정이 공정하지도 효율
적이지 못한 측면이 존재하였다. 그러므로 실시간으로 유권자의 의
사가 반영되는 형태로 정책결정이 이루어지고 예산편성에도 주민들
의 직접적인 요구가 반영될 수 있도록 이노베이션을 추구하고 있다.

2. AI를 활용한 지방자치단체의 정책결정 사례

일본에서 인공지능(AI)을 활용한 지속가능한 정책연구는 중앙정부뿐만 아니라 지자체 차원에서도 다양한 형태로 진행되고 있다. 2017년부터 본격화된 AI활용 정책연구는 2018년에는 문부과학성이 '일본고등교육의 지속가능성 도출방안' 프로젝트를 진행하였다.

교토대학은 2017년 '2050년 AI가 도출한 일본 사회의 지속가능 방안' 연구 프로젝트를 진행하였다. 교토대학 히로이 요시노리(広井良典) 교수팀이 진행한 연구 결과가 2018년 9월에 발표되었다. 이 프로젝트에서는 재정적자, 저출산, 환경 파괴 등 약 150개의 사회적 요인으로부터 인과모델을 작성하였다. 이 모델에서는 일본 사회가 선택할 수 있는 약 2만 개 시나리오를 AI가 계산하였다. 도출된 시나리오는 다시 전문가 그룹이 참여하는 분석과정을 거쳐 최종 방안이 마련되었다.

향후 일본 사회가 지속가능성을 확보하기 위해서는 '도시 집중형' 또는 '지방 분산형'이라는 모델 중 어떤 것을 선택할 것인가가 가장 본질적인 문제라고 지적하고 있다(広井良典, 2019). 또한, 인구, 지역, 격차, 건강, 행복이라는 키워드에서 주목해보면, '지방 분산형'이 가장 바람직하다는 정책 대안을 제시하였다. 최선의 방안인 '지방 분산형'을 실현하기 위해서는 환경세 부과, 재생에너지 사용, 지역의 대중교통망 충실 등과 같은 정책이 유효한 것으로 제시되었다. 향후, '지방 분산형' 정책 방안을 선택해도 약 15–18년 이후에 이러한 정책의 지속가능성 여부를 알 수 있는 것으로 나타났다.

그러므로 일본 사회가 지속가능성을 확보하기 위해서는 관련 정책을 지속적으로 실행해가는 것이 필요하다. 더구나 '지방 분산형' 정책 방향 속에서도 지역의 경제적 순환을 높이는 정책이 필요하다. 지방의 경제적 순환은 지방세수, 에너지 자급자족, 지방의 고용을 늘리는 방안을 통해서 가능하다고 제시하였다(京都大學, 2019).

2019년 5월 총무성의 발표에 따르면, 광역시도 자치단체의 36%, 정령지정도시 자치단체의 60%, 그리고 구시군 자치단체의 4% 정도가 인공지능을 업무에 도입한 것으로 알려졌다(総務省自治行政局行政経営支援室, 2019). 자치단체에서 인공지능 활용은 다양하다. 예를 들면, 음성인식 기술로 의회의 속기록 작성, 지자체 내부에서 열리는 각종 회의 회의록 작성, 민원과 관련해서 시민들의 문의에 자동적으로 응답하는 자동응답 업무 등이 도입되고 있다.

최근에는 자치단체에서 운영하는 유치원의 입학생 배정을 인공지능으로 해결하는 지역도 늘어나고 있다. 실제로 동경 근처에 있는 사이다마(埼玉)시의 경우, 유치원 입학생 배정이 대체로 매년 1월에 이루어진다. 지금까지 시 직원 30명이 약 1,500시간 정도를 투자하여 유치원 입학생 배정업무를 진행해 왔다. 2017년에 실시된 AI 배정에서는 단 몇 초 만에 완료되었다. 사이다마시는 후지츠(富士通)기업과 공동으로 유치원 입학생 배정에 필요한 인공지능 기술을 개발하였다. 이러한 인공지능 기술을 활용하여 2019년부터는 다카마츠(高松)시, 시가현 쿠사츠(草津)시, 히로시마현 오노미치(尾道)시 등에서도 도입되었다. 현재 30여 개 자치단체가 도입을 추진하고 있다(総務省自治行政局行政経営支援室, 2019).

최근 일본의 자치단체들은 인구감소, 고령화, 지역경제의 위축 등 다양한 문제를 안고 있다. 이러한 상황에서 2040년까지 지역사회가 직면할 문제들을 도출하고, 이러한 문제 해결방안을 인공지능(AI)으로 도출하는 프로젝트가 진행되고 있다. 가장 대표적인 자치단체가 일본에서도 최장수 지역으로 알려진 나가노(長野)현이다. 나가노현은 교토대학, 히타치(日立)제작소 등과 공동으로 '나가노현 지속가능한 미래 정책연구'를 추진하였다. 구체적으로는 나가노현이 "2040년까지 지속가능한 지역사회를 실현하기 위해서는 무엇을 어떻게 할 것인가"라는 현안문제에 대한 정책방안을 AI로 도출하는 것이다. 구체적인 작업은 다양한 형태로 진행된다. 우선, 2018년 3월에 책정한 종합 5개년 계획에서 인구, 지역총생산, 관광객 수, 저출산, 고령화, 글로벌화, 수익성과 창조성 높은 농업, 건강 만들기, 매력 있는 육아지원, 평생학습, 자연환경, 지역사랑 등 키워드를 도출한다. 그리고 이런 키워드들 간 상호 인과관계를 설정한다. 인과관계의 방향과 상관관계의 강도를 계량화한 후, AI모델로 계산을 진행하였다(長野県, 2019).

AI모델 계산 결과, 약 2만 개 정도의 미래시나리오가 도출되었다. 다시 전문가, 직원들이 참여하는 워크숍 등을 거쳐서 최종적으로 6개 시나리오로 집약되었다. 나가노현의 2040년 지속가능한 지역사회 실현을 위한 최선의 방안은 "지역의 관광 분야에 자원을 투자하면서 지역의 교통망을 정비하는 것"으로 도출되었다(長野県, 2019). AI가 제시한 정책을 충실하게 진행해간다면, 2040년에는 소득이 지금보다 높아지고 주민은 건강한 생활이 가능하게 될 것이다. 인구감소도 최소한으로 줄어들면서 나가노현은 지속가능한 사회가 실현될 것으로 보고 있다.

3. AI 도입과 지방자치단체 정책결정과정의 변화

현재 일본에서는 정책제언 AI를 활용한 정책방안 마련이 활발하게 이루어지고 있다. 일본정부 차원에서도 「2050년 지속가능한 방안」 마련, 「2030년 지속가능한 고등교육제도 방안」 마련 등이 진행되었다. 지방정부 차원에서도 2040년까지 지역사회가 직면할 문제들을 도출하고, 이러한 문제에 대한 해결방안을 인공지능(AI)으로 도출하는 프로젝트가 진행되고 있다. 가장 대표적인 사례가 나가노현(長野県)이 추진한 「나가노현 지속가능한 미래 정책연구」이다. 구체적으로는 나가노현이 "2040년까지 지속가능한 지역사회를 실현하기 위해서는 무엇을 어떻게 할 것인가"라는 현안문제에 대한 정책방안을 AI로 도출하였다.

지방자치단체에서 인공지능(AI)을 활용한 정책결정사례는 지속적으로 확대되고 있다. 오카야마현 마니와(真庭)시에서는 지속가능한 성장목표(SDGs)를 달성하기 위한 방안 도출을 시도하고 있다. 이 외에도 후쿠시마현, 효고현 등에서도 AI를 활용하여 정책제언, 지속가능한 생존방향을 모색하고 있다.

AI를 활용한 정책제언은 〈그림 4-2〉와 같은 방법으로 진행된다. 우선, AI를 활용한 정책제언은 3단계로 진행된다(広井良典外, 2020).

첫 번째 단계는 정보수집단계이다. 해결해야 할 과제가 설정되고 과제와 관련된 정보를 수집한다. 그리고 정보수집단계는 지표 상호 간 상관관계를 정의한 정량모델 작성부터 시작한다. 여기에서 지표는 시뮬레이션 대상이 되는 지역을 표현하는 각종 요소이며 지방자치단체가 작성하는 중장기발전계획/종합계획에서 설정한 KPI(Key Performance Indicator)에 해당한다. 정량모델을 작성하는 과정은 먼저 워크숍을 통해서 지표를 추출하고, 이후 지표 간 상관관계(−상관/+상관)를 정의한다. 정량모델은 대체로 다중회귀분석방법을 활용한다. 그런 다음 각 지표 간 상관에 대하여 계수를 설정한다. 수집한 정보를 체계화하는 과정이 진행된다.

〈그림 4-2〉 정책제언AI 전체적인 분석 과정

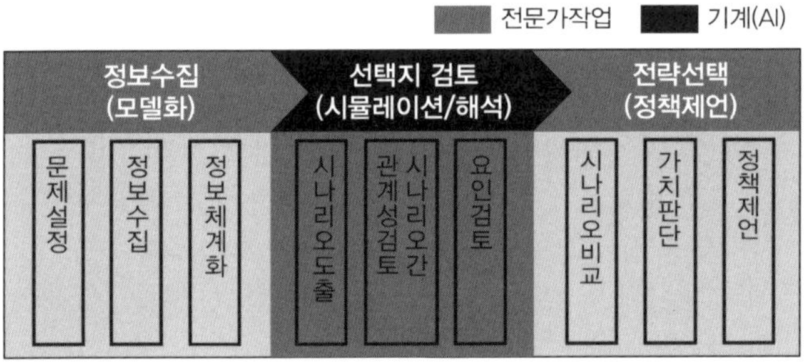

출처: 고선규, 2020

두 번째 단계는 시뮬레이션 단계/선택지 검토단계이다. 여기에서는 정량모델에 따라서 AI를 활용한 시뮬레이션이 진행된다. 그리고 문제 해결에 활용하는 시나리오를 도출하기 위한 지표가 만들어진다. 시나리오는 정량모델의 볼륨에 따라서 달라질 수 있지만 수만 가지의 시나리오를 시뮬레이션하는 것이 가능하다. 그리고 다음 단계에서 검토하는 시나리오별 비교/평가에 필요한 데이터를 작성한다.

세 번째 단계는 전략선택, 정책제언 단계이다. 여기에서는 두 번째 단계에서 작성한 시나리오 속에서 선택 가능한 시나리오를 가정하고 그 시나리오의 실현방안을 검토한다. 특히, 선택 가능한 시나리오가 미래사회에 진행되는 과정에서 발생하는 분기점과 그 분기점에서 중요한 정책적 선택방안으로 제기되는 중요한 지표를 추출한다.

이러한 일련의 정책결정과정에서 AI기술을 활용하는 단계는 두 번째 시뮬레이션 단계이다. 기존의 정책결정에서는 AI기술을 정보수집단계에서 활용하는 것이 일반적이었다. 그러나 최근에는 두 번째 단계에서 AI 활용이 증가하고 있다. 그 이유는 첫째, 미래사회(예를 들어 2050년 일본 사회의 지속가능성 방안)에 대하여 사용할 데이터가 존재하지 않는다는 점이다(広井良典外, 2020). 데이터가 한정적이고 애매한 대상을 모델화하는 작업은 AI보다도 인간이 더 전문적인 능력을 가지고 있다. 둘째 이유는 미래사회에서 일어날 수 있는 모든 시나리오를 빠짐없이 도출한 다음, 정책선택이 가능하기 때문이다. 미래사회에 예상되는 수만 가지 시나리오를 빠짐없이 도출하는 과정은 기계가 더 효율적으로 진행할 수 있기 때문이다. 인간 연구자는 깊이 있는 지식과 고찰에 근거한 모델화에 익숙하다. 그리고 AI는 가능한 많은 미래시나리오를 도출한다. 마지막으로 시나리오 간 관계성을 토대로 한 정책제안은 객관적인 정책제언이라고 볼 수 있다(福田幸二,

2020).

　AI기술을 활용한 정책제언 방법에 대하여 살펴보기로 하자. 우선, 정보수집 단계에서는 ① 인구 및 출생률, ② 재정 및 사회보장, ③ 도시 및 지역, ④ 환경과 자원, ⑤ 고용 유지, ⑥ 격차 해소, ⑦ 행복, ⑧ 건강 증진 등에 관련된 사회지표에 근거한 모델을 마련한다. 예를 들면, 후쿠시마 (福島) 현에서는 〈표 4-1〉과 같은 지표를 활용하였다.

〈표 4-1〉 후쿠시마현 AI활용 정책결정에 사용되는 사회지표

KPI분류(분야)		KPI 명칭
고용창출 관련	농림수산	신규 취농자 수
		농업분야 매출 총액
		6차 산업 신상품 개발 수
	관광	관광객 유치 수
		외국인 숙박자 수
	기업 수	지역 내 기업유치 수
		본사기능 이전 건수
	취업률	지역 내 신규고졸자 채용자 수
자연 증감 관련	결혼/출산	출생률
		돌봄이 등록자 수
	육아환경	차세대 육성기업 인정 수
		남성육아휴직 취득률

　두 번째 시뮬레이션 단계에서는 AI를 활용한 시뮬레이션이 진행되었다. 2018년부터 2050년까지 35년간에 걸쳐 2만 가지 시나리오를 도출하였다. 그리고 2만 가지 시나리오 중에서 대표적인 시나리오를

그룹으로 분류하였다. 도출된 시나리오는 「도시집중형」, 「지방분산형」으로 양분되었다. 전략선택 단계에서는 일본미래사회의 모습이 「도시집중형인가, 지방분산형인가」 그리고 사회가 「지속가능한가, 파국을 맞이하는가」 두 가지 관점에서 시나리오들이 언제, 어떤 방식으로 분기하고 그 시기에 필요한 요인은 무엇인지를 분석하였다(広井良典, 2020).

〈표 4-2〉 후쿠시마현 AI활용 정책제안 시나리오 그룹별 평가

미래시나리오 그룹	고용창출 관련				인구 자연 증감 관련	
	농림수산	관광	기업 수	취업률	결혼/출산	육아환경
그룹1	○	○	○	○	○	○
그룹2	×	△	△	×	△	×
그룹3	○	○	○	○	○	○
그룹4	×	×	×	×	×	×
그룹5	○	○	○	○	○	○
그룹6	×	×	×	×	×	×

※ ○ / ×: 2050년 시점에서 각 KPI 값이 특별히 향상 또는 감소되는 부분

마지막으로 AI를 활용한 정책결정 또는 정책제안이 기존의 정책결정과정에 어떠한 변화를 초래하고 있는지를 살펴보고자 한다. 〈그림 4-3〉 정책제언 AI가 제안한 남북한 공생방안 분석결과 예시이다. 이 그림에서 2019년을 기준으로 본다면, 6년-8년 이후, 2025년에서 2027년 사이에 남북분단과 남북통일의 분기점이 발생하고 있음을 알 수 있다. 그리고 그 분기점에서 정부가 정책적 선택방안으로 선택할 수 있는 정책이 제시되어 있다. 이 시점에서 정부가 선택할 수 있

는 정책방안은 '통일세 도입', '남북소통채널 제도화', '비핵화/평화체제 마련' 등이다. 이러한 정책방안 선택으로 남북통일을 지향해 간다면, 또다시 15년-18년 이후, 2034년에서 2037년 사이에 새로운 분기점이 도래한다. 이 시기에는 남북통일 촉진정책에 초점을 맞춰 구체적인 정책방안이 도출된다(고선규, 2020).

〈그림 4-3〉 정책제언AI 분석결과 예시

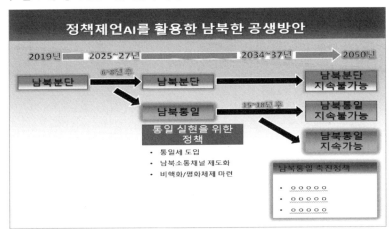

출처: 고선규, 2020.

또 다른 AI 활용 정책제안 사례를 살펴보기로 하자. 일본의 광역자치단체인 후쿠시마현 사례를 살펴보면, 후쿠시마의 경우, 2019년부터 2050년 기간에 걸쳐 정책적 분기점이 5회 발생하는 것으로 나타났다(広井良典/須藤一磨/福井幸二, 2020). 첫 번째 분기점은 2021년 시점에서 발생한다. 이 시기에는 그룹1, 그룹2의 방향으로 정책을 추진하기 위해서는 농업판매액수, 외국인 숙박자 수가 기여하는 것으로 나타났다. 이후, 2027년에 두 번째 분기점이 발생한다. 이 시기에는 그룹3, 그룹4, 그룹5의 방향과 그룹 6의 방향으로 분기가 발생한다. 이 분기에서 바람직한 방향은 그룹3, 그룹4, 그룹5 방향이다. 이러한 방향에는 외국인 숙박자 수가 기여하는 것으로 나타났다. 다음으로 세 번째 분기점은 2029년에 발생한다. 이 분기에서는 그룹1과 그룹2 방향으로 분기가 발생한다. 지역이 목표로 설정한 방향으로 정책을 추진하기 위해서는 이 분기 상황에서 그룹1의 방향으로 정책을 추진할 필요가 있다.

그리고 그룹1의 방향으로 추진하기 위해서는 출생률, 차세대 육성기업 수, 지역 내 기업 유치 수 등이 기여하는 것으로 나타났다. 네 번째 분기점은 2043년 시점에 발생한다. 이 시기에는 그룹3 방향과 그룹4, 그룹5 방향으로 분기한다. 지역이 목표로 하는 방향으로 정책을 추진하기 위해서는 그룹 3방향으로 정책선택이 필요하다. 이러한 방향으로 추진하기 위해서는 관광객 유치 수, 타지역 학생들의 취업 유치, 그리고 지역 고졸 출신자의 지역 내 취업자 수 증가 등이 영향을 미는 변수가 되고 있음을 알 수 있다.

마지막으로 다섯 번째 분기점은 2047년에 발생한다. 이 분기점에서는 그룹4 방향과 그룹 5방향으로 분기가 발생하는데 이때는 그룹5 방향으로 정책적 포커스를 맞출 필요가 있다. 그룹 5방향으로 정책을 추진하기 위해서는 타 지역 학생들의 취업 유치, 그리고 지역 고졸 출신자의 지역 내 취업자 수 증가, 관광객 유치와 같은 변수가 기여한다.

AI를 활용한 정책제안은 정책시나리오, 추진 일정, 시나리오별 분기점, 정책 분기점에서 선택할 수 있는 구체적인 정책방안, 그리고 최종 목적 지점에서 발생하는 정책효과 등이 가시적인 형태로 도출된다. 정책효과 도출뿐만 아니라 실행과정까지도 가시적으로 보여줄 수 있다는 것이 가장 큰 장점이다. 그리고 지역이 가진 자원의 효율적 이용에도 도움이 된다. 이러한 장점은 기존의 정책결정과정에서도 볼 수 없었던 획기적인 변화라고 말할 수 있다. AI를 활용한 정책 제안은 상정 가능한 모든 시나리오를 제시해준다. 그리고 각 분기점에서 지역이 가진 가용자원 중에서 어떤 자원을 효율적으로 활용하면, 당면한 문제를 해결하고 지속가능성을 확보할 수 있는가를 가시적으로 제공해준다는 점에서 매우 효율적인 방안이라고 볼 수 있다.

IV. 결론

정치과정에서 AI 활용이 점차적으로 증가하고 있다. 선거과정뿐만 아니라 정책결정과정에서 인공지능이 적극적으로 활용되고 있다. 특히, 일본의 지방자치단체에서 인공지능(AI)은 미래사회의 '지속가능한 방안' 마련에 적극적으로 도입되고 있다. 이러한 방식은 지역이 보유한 다양한 자원을 효율적으로 활용할 수 있는 정책제언이라는 점에서 매우 유용한 방법이다. 더구나 기존과는 달리 자치단체가 추진하는 정책 만들기를 가시적으로 보여줌으로써 정책의 정당성을 높이는 계기가 되고 있다. 지방자치단체가 생산한 다양한 데이터를 활용하여, 지역사회에 영향을 줄 수 있는 여러 가지 변수들을 고려하여 예상 가능한 모든 시나리오를 도출할 수 있다.

이러한 방법은 지역이 직면한 문제를 해결하는 최적의 수단으로 활용될 수 있다는 점에서 의미가 크다. 그러나 인공지능(AI)을 활용한 정책결정과 집행에는 인공지능이 가지는 한계도 여실히 드러나고 있다. 인공지능을 활용한 정책결정의 한계점은 블랙박스화 현상이다. 실제로 왜 그러한 시나리오가 만들어지게 되었는지는 설명하지 못하는 한계를 가진다. 그래서 AI의 판단이나 결정은 '블랙박스'라고 설명한다. AI의 정책결정과정이 블랙박스화된다는 점은 정책의 정당성에도 부정적으로 작용한다.

이러한 한계를 보충하기 위하여 AI정책결정은 인공지능과 인간이 공동으로 참여하는 형태로 진행되고 있다. 먼저, 지역주민이나 시민단체, 지자체 공무원들이 현실적으로 느끼는 지역사회의 문제점을 추출한다. 그리고 문제 해결 방법은 AI 모델에게 맡긴다. 인공지능은 방대한 데이터를 분석하여 지속가능한 시나리오를 도출한다. 마지막으로 도출된 시나리오는 전문가들이 취합하는 과정을 거쳐서 지속가능한 방안을 마련한다. 이러한 방식을 샌드위치 방식이라고 하는데, 정책결정에 참여하는 주체가 사람-AI-사람의 방식으로 진행하기 때문이다. AI는 수백 가지가 넘는 변수들을 가지고 시나리오를 제시해준다.

또 다른 AI의 문제점은 해결방안을 도출하는 알고리즘(계산이 이루어지는 절차를 표시한 수식)에 따라 해답이 달라질 수 있다는 문제이다. 결국 이러한 알고리즘은 개발회사나 개발자에 따라 달라질 수 있다. 해결방안이 특정 지역이나 집단에 유리하게 작용할 가능성도 있다. 이러한 점에서 지역사회 구성원의 합의를 얻기 어려운 현실적인 문제점도 있을 수 있다.

AI정치의 문제는 민주주의의 존재형태와 직결된 문제이기도 하다. 민주주의는 인간이 도출하기 어려운 훌륭한 해결방안을 만들어내는 것만이 목적이 아니다. AI정치가 보다 민주적이기 위해서는 도출된 결과물만이 아니라 과정, 즉 정책이 만들어지는 과정이 공정하고 투명해야 한다. 그러나 인공지능이 작동되는 과정은 언제나 '블랙박스'로 남아있다. 결국 정책결정과정이 투명하게 보이지 않는 상황에서 민주주의는 작동하기 어렵다. 우리는 인공지능이 진행하는 정책결정과정을 바라보면서 민주주의 과정인 대화와 토론, 숙의, 설명책임 등 절차가 가지는 의미를 새삼 생각하게 된다.

정치는 인간사회가 직면한 다양한 문제도출, 그리고 그것을 해결하는 효율적인 정책방안, 실행방법을 모색하는 형식적인 절차가 아니다. 정치는 공동체 구성원 모두가 합의과정에 참여하여 자신의 의견을 말할 수 있는 열려 있는 공간이자 과정이라는 의미를 새삼 확인하게 되었다.

AI활용 정책제안 및 정책결정은 기존의 정책결정과정과 비교하여 몇 가지 특징적인 측면이 존재한다. 첫째, 정책결정에 활용되는 변수나 데이터가 양적으로 많아졌다는 점이다. 빅데이터가 가져온 변화와 맥락을 같이한다. 그리고 이러한 복잡한 변수들로 만들어내는 예상 가능한 시나리오의 수가 엄청나게 증가했다는 점이다. 대체로 일본의 지방자치단체에서 활용하는 정책방안 도출과정에서 2만 가지 시나리오가 만들어진다. 지역 자치단체가 직면한 상황에서 고려할 수 있는 모든 예상 시나리오가 만들어진다는 점이다. 결국 AI활용 정책결정방법은 기존의 정책결정방법보다는 선택의 폭을 확장시키고, 확장된 선택지 안에서 최적의 대안을 도출할 수 있다는 점이 특징이다.

둘째, AI활용 정책결정의 또 다른 특징은 정책과정을 가시화하고 시간적 변화에 따른 선택지를 제공해준다는 점이다. 기존의 정책연구에서 정책결정과정은 '블랙박스'로 존재하였다. 그러나 AI활용 정책결정과정은 어떤 시점에서 어떤 변수가 얼마만큼의 영향력을 발휘하고 있는지를 가시적으로 제공해준다. 또한 정책결정의 분기점이 어느 시점에서 발생하고, 그 때 어떤 선택을 하는 것이 효율적인지를 제시해준다.

셋째, AI활용 정책결정은 빅데이터에 기반하여 새로운 형태의 정책결정, EBPM(Evidence-Based Policy Making) 방식으로 전환을 가능하게 한다는 점이다. 기존에는 정부나 지방자치단체의 정책결정이 사례나 경험에 근거한 에피소드를 중심으로 이루어졌다. 그러나 최근에는 빅데이터가 일상화되면서 추상적인 사례나 경험보다는 데이터에 입각한 정책결정으로 전환되고 있다. EBPM방식의 정책결정은 지역이 가지고 현황 데이터, 과거의 실적, KPI 등을 활용한 계량적 분석에 주목한다.

대부분의 선진국에서는 고령화, 인구감소, 저성장 경제의 일상화와 같은 과제들을 안고 있다. 이러한 문제들은 한국에도 공통적인 현상이다. 특히, 일본의 지방자치단체는 고령화, 인구감소, 지역경제의 쇠퇴와 같은 상황 속에서 지역의 지속가능성을 확보하기 위하여 AI활용 정책결정 및 정책방안 도출을 시도하고 있다. 지역 자원의 효율적인 활용방안을 도출하고 이를 통하여 지속가능성을 확보하고 있다는 점에서 시사점이 적지 않다.

지역차원에서 뿐만 아니라 국가차원에서도 지속 가능성 확보는 정치적 과제이다. 이러한 정치적 과제들은 저성장시대, 자원 부족시대에서 정치의 역할 변화를 요구하고 있다. 기존 정치시스템이 가지고 있는 비효율성, 정당성 부족문제를 인공지능이나 로봇을 활용하여 해결하는 새로운 시도가 필요하다. AI정치는 다양한 기술을 이용하는 기존 정치과정에 대한 이노베이션이다. AI후보자의 선거출마, AI활용 정책결정에서 알 수 있는 바와 같이 AI정치는 정치과정의 투명성, 합리성, 효율성, 시민들의 실시간 참여를 확장하는 새로운 민주주의 플랫폼 구축이기도 하다.

참고문헌

고선규. 2019. 『인공지능과 어떻게 공존할 것인가』. 타커스.

고선규. 2020. "AI는 한국의 통일문제 현안들을 해결하는 대안일 수 있는 가? - AI정치·AI무기가 제기하는 새로운 쟁점과 AI 활용법." 세종연구소, 정세분석보고서.

고선규. 2020. "기계의 자율성과 인간의 자율성." 한국정치학회 하계학술회의 발표논문.

신상규 외. 2020. 『포스트 휴먼이 몰려온다』. 아카넷.

전황수. 2019. "인공지능(AI)이 가져올 정치의 변화." 한국정치학회 연례학술회의 발표논문.

정연재. 2019. 『포스트 휴먼시대의 윤리』. 아카넷.

홍성욱. 2019. 『포스트휴먼 오디세이』. 휴머니스트출판.

岩元誠吾. 2014. "致死性自律型Robot(LARs)国際法規整をめぐる問題." 『産大法学』 No. 47-3. 太田勝造. 2020. 『AI時代の法学入門』. 東京: 弘文堂.

稲葉辰一郎他. 2020. 『人工知能と人間·社会』. 勁草書房.

太田勝造. 2020. 『AI時代の法学入門』. 東京: 弘文堂.

河島茂生. 2019. 『AI時代の自律性』. 東京: 勁草書房.

東京新聞. 2019. "'AIで予算最適化' 都内地域政党、新手法を前面に."

松田道人. 2020. 「日本のAI政党と新しい民主主義」. 大邱大學校講義資料.

広井良典. 2019. "AIが示す日本社会の未来." NHK 視点·論点.

広井良典 外. 2020. 『AI × 地方創生』. 東京: 東洋経済新報社.

長野県. 2019. "AIを活用した、長野県の持続可能な未来に向けた政策研究."

福田雅樹他. 2017. 『AIがつなげる社会：AIネットワーク時代の法・政治』. 東京: 弘文堂.

Business Insider Japan. 2018. "世界初？多摩市長選に出馬するAI市長とは."

NHK. 2017. 『人工知能の最適解と人間の選択』. 東京: NHK出版新書.

Bryson. Joanna J. 2010. "Robots Should be Slaves" in Wilks, Yorick (ed.), *Close Engagements with Artificial Companions: Key social, psychological, ethical and design issues,* John Benjamins.

Bruno Latour. 1993. *We Have Never Been Modern*, Harvard University Press,

Floridi. Luciano eds. 2004. "On the Morality of Artificial Agents" in *Minds and Machines,* Vol. 14. No. 3. pp. 349−379.

Guibilini. 2018. "The Artificial Moral Advisor. The Ideal Observer Meets Artificial Intelligence." *Philosophy and Technology*, Vol. 31, Issue 2. pp 169−188.

Gunkel. David J. 2012. *The Machine Question: Critical Perspectives in AI, Robots, and Ethics,* the MIT Press.

Jensen. 2013. "Techno−animism in Japan." in *Theory, Culture and Society*, Vol. 30, No. 2. pp. 84−115.

Singer, Peter. 2009. *Animal Liberation: The Definitive Classic of the Animal Movement,* Harper Perennial Modern Classics. the MIT Press.

Sullins. John P. 2006. "When Is a Robot a Moral Agent?" in *International Review of Infornmation Ethics*, Vol. 6. pp. 23−30.

Tuner, Jacob. 2018. *Robot Rules: Regulating Artificial Intelligence*, Palgrave.

Varela. Fransico J. 1992. "Autopoiesis and a Biology of Intentionality" in *Autopoiesis and perception: A workshop with ESPRIT BRA 3352*. eds. McMullin, B., Murphy, N. Dublin City University. pp. 4−14.

Virginia Eubanks. 2018. *Automating Inequality: How High-tech Tools Profile, Police, and Punish the Poor*. St Martins Pr.

5장 AI알고리즘 패권경쟁의 세계정치: 기술-표준-규범의 3차원 경쟁

김상배(서울대학교 정치외교학부 교수)

I. 머리말

최근 인공지능(AI), 빅데이터, 클라우드, 양자컴퓨팅, 사물인터넷(IoT), 블록체인 등과 같은 4차 산업혁명 분야의 기술에 대한 국제정치학의 관심이 커졌다. 이들은 이른바 '신흥기술'(emerging technology)이라고 할 수 있는데, 지금 한창 창발(創發, emergence)하고 있어서 그 외연과 내포가 명확하지 않다는 특징을 지닌다. 일반적으로 알려진 정보통신기술(ICT)의 범위를 넘어서 사이버와 우주 및 바이오 분야로 확장되면서 그 전략적 중요성이 새롭게 인식되고 있다는 점도 큰 특징이다. 무엇보다도 신흥기술은 미래국력을 구성하는 핵심 요소로 인식되고 있다. 역사적으로도 해당 시기의 신흥기술 또는 첨단기술은 경제·산업·정치·군사적 차원에서 국가의 명운을 가른 요소였다. 4차 산업혁명 시대에도 신흥기술의 확보와 적용은 국력의 우위를 보장하고 더 나아가 글로벌 패권에 다가가는 결정적인 요소가 될 것이다.

최근에는 이러한 신흥기술을 '안보'의 관점에서 조망하는 추세이다. 역사적으로도 특히 패권경쟁기에는 첨단기술이 지닌 민군겸용(dual-use)의 성격이 강조되었는데, 4차 산업혁명 시대의 신흥기술도 그 상업적 용도와 함께 군사적 함의가 부각되고 있다. 국가에 의한 군사화·무기화뿐만 아니라 비국가 행위자에 의한 악용 가능성도 문제다. 게다가 이들 기술이 신흥안보(emerging security)에 주는 함의에도 주목해야 한다. 겉으로 보기에는 안보와 큰 관련이 없어 보이는 기술도 그 창발의 과정에서 매우 중요한 군사안보적 성격이 드러나기도 한다. 따라서 이들 기술이 초래할 미래의 위협을 주관적으로 구성하는 안보화(securitization)의 과정이 중요하게 작동한다. 이러한 특성상 시스템의 안보, 개인정보의 보호나 데이터 안보, 인터넷 커뮤니케이션의 행태와 환경, 전략물자의 수출입통제 등도 지정학적 갈등의 대상이 된다.

이러한 '기술—산업—안보 삼각형'의 핵심에 이 글의 주제인 'AI 알고리즘'이 있다. '인공지능(AI)'은 추론, 학습 능력 등 인간의 사고 프로세스를 모방하는 컴퓨터 기술을 말한다. 이러한 인공지능의 핵심 메커니즘은 미리 정해둔 규칙, 일련의 절차, 명령에 따라 입력자료를 처리하고 결과를 출력해 내는 명령어의 집합인 '알고리즘'이다. 4

차 산업혁명 분야 기술이 컴퓨팅 파워와 인공지능, (빅)데이터의 셋으로 요약된다면, 이들을 엮어내는 것이 AI알고리즘이다. 4차 산업혁명의 핵심을 이루는 '사이버−물리 시스템'(cyber−physical system)에서 이를 엮어내는 '사이버(cyber)'의 '메타(meta) 기능'과도 통한다. 게다가 AI알고리즘은 그 외연과 내포가 명확하지 않은 신흥기술의 대표적인 사례여서 '개체'로 보느냐 '시스템'으로 보느냐, '환경'으로 보느냐에 따라서 상이한 개념화가 가능하다(김상배, 2018).

국제정치학 분야에서도 AI알고리즘에 대한 개념적 이해는 하위전공마다 다를 뿐만 아니라 사용하는 용어도 상이하다. 첫째, 현재 국제정치학 분야에서 관련 연구의 주류를 이루고 있는 기술정책·전략 연구는 주로 '인공지능'이라는 용어를 그대로 사용한다. 둘째, 군사안보와 국제규범 연구는 인공지능을 '자율무기체계'(Autonomous Weapon System, AWS) 또는 '킬러로봇'으로 보고 이를 규제하는 법·규범을 탐구한다. 셋째, 정치경제학 연구는 민간 AI기업들의 과도한 '알고리즘' 권력에 대한 경계의 시각을 취한다. 아직 '신흥주제'여서 어디에 착안하냐에 따라 하위전공별로 용어 선택이 다른 것은 사실이지만, 이 글이 다루는 AI알고리즘은 대략 인공지능(AI)과 알고리즘(Algorithm) 및 자율무기체계(AWS)의 복합체 정도로 이해할 수 있을 것이다. 이 글은 이러한 용어의 난맥상을 염두에 두고 문맥에 따라서 구별해서 사용하였다.

AI알고리즘을 둘러싼 경쟁은 오늘날 세계정치의 성격을 복합적으로 변환시키고 있다. 이 글은 이러한 현상을 세 가지 차원에서 본 권력변환(power transformation)으로 이해한다(김상배, 2014). 첫째, AI알고리즘 경쟁은 '권력성격의 변환'을 야기하고 있는데, 좁은 의미의 기술경쟁이라기보다는 기술—산업—안보를 포괄하는 넓은 의미의 디지털 패권경쟁이 진행되고 있다. 둘째, AI알고리즘 경쟁은 '권력주체의 변환'을 야기하고 있는데, 알고리즘 권력을 행사하는 민간 AI기업들이 주요 주체로 부상했으며, 이들의 활동을 지원 또는 규제하는 정책·제도 환경을 둘러싼 경쟁도 벌어지고 있다. 끝으로, AI알고리즘 경쟁은 '권력질서의 변환'을 야기하고 있는데, AI알고리즘을 활용한 산업과 서비스, 무기체계 등을 규제하는 국제규범의 형성을 놓고 국가 및 비국가 행위자들의 의견대립이 불거지고 있다. 요컨대, AI알고리즘의 패권을 놓고 벌이는 경쟁은 4차 산업혁명 시대를 맞은 오늘날 세계정치의 변환을 단적으로 보여주는 사례이다.

이 글은 크게 세 부분으로 구성되었다. 제2장은 권력성격의 변환이라는 시각에서 미국, 중국 등 주요국들이 추구하는 인공지능 국가전략과 이들 간 기술경쟁의 현황 및 디지털 패권경쟁으로서의 함의를 살펴보았다. 제3장은 권력주체의 변환이라는 시각에서 민간 AI기업들이 전면에 나서 벌이는 알고리즘 플랫폼 경쟁과 그 권력적 함의, 그리고 그 연장선에서 제기되는 알고리즘 권력에 대한 규제 논의를 검토하였다. 제4장은 권력질서의 변환이라는 시각에서 인공지능을 탑재한 자율무기체계의 규제를 다루는 유엔 등 국제기구에서의 국제규범에 대한 논의의 현황과 이러한 과정에 드러나고 있는 각국 및 비국가 행위자들의 이익갈등 양상을 살펴보았다. 끝으로, 맺음말에서는 이 글의 주장을 종합·요약하고 AI알고리즘 패권경쟁의 세계정치에 임하는 한국의 자세에 대해서 간략히 언급하였다.

II. 인공지능 기술경쟁과 신흥기술의 안보화

1. 주요국의 인공지능 국가전략

최근 주요국들은 국가전략의 모색 차원에서 AI 분야의 경쟁에 임하고 있다(Allen, Horowitz, Kania and Scharre, 2018). AI가 지닌 기술적 범용성과 상업적 가치, 안보적 함의 등을 인식하고 이러한 인식을 국가전략 전반과 접맥시킨 'AI 국가전략서'를 발표하고 있다. 4차 산업혁명의 관점에서 각국의 경제발전을 위한 기술혁신을 강조하는 차원뿐만 아니라 대내외적 국가안보의 핵심 구성요소로서 AI를 이해하고, 이에 대응하기 위한 미래 국가전략을 수립하는 붐이 일고 있다. 미국, 중국, 러시아, 일본, 유럽연합 등은, 넓게는 신흥기술 일반, 좁게는 AI 분야의 국가역량을 구축하기 위해서 체계적이고 종합적인 국가안보 전략을 수립하고 있으며, 이를 지원하는 국내의 법제도를 정비하려는 노력을 벌이고 있다.

미국은 중국의 추격으로 인해서 AI 패권국으로서 자국의 지위가 위협받고 있다는 인식하에 적극적인 AI 전략을 개진하고 있다(Kania, 2019; Mori, 2019; Johnson, 2019a). 2016년 국가과학기술위원회(NSTC)의 '인공지능 연구개발 전략계획(National Artificial Intelligence Research and Development Strategic Plan)'은 AI 연구개발에 대한 투자와 윤리, 안전기준 개발, 공공데이터 가용량 확대 등 민간영역 연구개발에 대한 지원을 담고 있다. 2017년 '국가안보전략(NSS)'은 신흥기술 관련 8개 주요 연구 혁신 분야 중의 하나로 인공지능을 지목하였다. 2019년 2월 대통령 행정명령 'AI 이니셔티브'는 미국의 선도적 지위를 유지하기 위한 AI 전략과 6대 전략 목표를 제시했는데, 이는 그 후 미국의 AI 전략을 이끄는 주축이 되었다. 2019년 6월 개정된 '인공지능 연구개발 전략계획'은 2016년의 '전략계획'이 제시한 목표를 계승할 것을 명시했다.

미국은 2018년 5월 AI 전략을 조율하기 위한 주무부서로 NSTC 산하 '인공지능선정위원회'(Select Committee on Artificial Intelligence)를 신설했다. 국방부, NSF, 에너지부 등 다양한 관련부처가 AI 연구개발에 참여하고 있다. 국방부는 타 부처들에 비해 비교적 이른 시기부터 AI에 주력해왔다. 2018년 6월 국방부 산하에 개소한 '합동인공지능센터'(Joint AI Center)와 2018년 9월 발표한 고등국방과학연구국(DARPA)의 20억 달러 규모의 'AI Next 캠페인' 등이 대표적인 사례이며, 2019년 2월에는 'AI 전략 보고서'를 발표했다. 상무부는 중국으로의 기술유출 차단을 담당하고 있는데, 2018년 제정된 '수출통제개혁법(Export Control Reform Act, ECRA),' 2018년 8월 개정된 '외국인투자위험조사현대화법(Foreign Investment Risk Review Modernization Act, FIRRMA)' 등은 그 사례들이다. 2019년 설치되어 에릭 슈미트 전 구글 회장과 로버트 워크 전 국방차관이 이끌고 있어 널리 알려진 'AI국가안보위원회'(National Security Commission on Artificial Intelligence, NSCAI)는 중국의 기술추격이 미국의 우위를 위협할 수 있음을 지적했다.

중국도 범국가적 차원에서 '군민융합' 전략 추진을 통해 AI 기술

우위를 확보하기 위한 노력을 벌이고 있다. 중국은 '중국제조 2025'를 통해서 2025년까지 AI 분야에서 서방 국가들을 넘어서고 2030년에는 글로벌 리더로 부상한다는 목표를 설정했다. 2015년 3월 제시한 '인터넷 플러스' 개념을 발전시켜서 2016년 5월에는 '인터넷 플러스' 내에서 AI의 역할을 강조하는 '인터넷 플러스 인공지능 3개년 실시방안'을 발표했다. 중국 국무원은 2017년 7월 공식적으로 「신세대인공지능 발전계획」이라는 AI 국가전략을 제시했는데, 해당 문건은 AI가 국가 간 경쟁의 핵심 요소로 대두하고 있음을 지적하면서, 중국이 미래국력 경쟁에서 우위를 점할 수 있는 원동력이자 신산업 발전의 원천 및 국방력 강화의 동인으로서 AI의 역할을 강조했으며, 이와 더불어 민간 부문의 혁신을 군사 부문의 혁신으로도 이어나가는 '군민융합'을 강조했다(Demchak, 2019).

2017년 11월 중국이 추진하는 AI 전략의 주무기관으로 국무원 산하에 '신세대인공지능발전계획 추진 판공실'이 설립되었다. 또한 산학의 소통을 위해 27인의 전문가로 구성된 자문기관인 '신세대인공지능전략자문위원회'가 설립되었는데, 여기에는 중국과학원 및 공정원의 원사(院士)급 학자 다수와 바이두, 알리바바, 텐센트, 아이플라이텍 등 중국 내 주요 AI 기업의 전문가들이 참여했다. 이른바 '국가대표팀' 모델에 따라 흔히 BAT로 불리는 바이두(B), 알리바바(A), 텐센트(T) 등과 같은 IT 대기업들이 AI 연구개발의 핵심적인 기능을 담당하도록 역할이 배정되었다. 이들 BAT 기업들은 개별 기업의 이윤추구와 기술혁신을 위한 자체적인 AI 연구개발을 수행하는 동시에, 중국 시장 내의 우월한 지위를 바탕으로 국가적 정책목표를 달성하기 위한 세부적인 연구 프로젝트를 할당받아 추진하고 있다.

구소련 시절부터 과학기술을 전략적으로 중시해온 러시아는 1990년대 소련의 붕괴와 함께 재정파탄과 인력유출 등으로 인한 기술혁신의 공백기를 겪었다. 그러나 최근 푸틴 정부는 강한 러시아의 부활을 내세우며 신흥기술 분야의 정책을 강화하고 있다(Dear, 2019). 2009년 5월 러시아의 「국가안보전략」은 과학과 기술, 교육의 강화를 강조하면서, 신흥기술 안보에 의해 러시아의 중장기 전략기조가 결정될 것이라는 사실을 명확히 하였다. 푸틴 대통령이 2017년 'AI를 선도하는 자가 세계를 지배한다'고 공언한 이후, 러시아 국가지도부는 러시아를 AI 선도국으로 만들겠다는 계획을 내세우며 AI 연구개발 및 응용에 많은 의욕을 내보이고 있다. 일례로 2019년에 발표된 「2030년까지의 인공지능 발전을 위한 국가전략」은 2024년까지 AI 분야에서 국제적으로 경쟁력을 갖추고 2030년까지 세계 최고 수준에 도달한다는 목표를 제시하고 있다.

일본은 고령화와 생산성 저하라는 사회경제 문제 해결에 AI를 적극 활용하려는 전략을 취하고 있다. 2017년 '신산업구조비전'은 초(超)스마트 사회인 '소사이어티5.0' 시대의 실현이라는 장기적 목표를 내세우고 4차 산업혁명의 4개 전략 분야를 지목했는데, AI를 이들 분야를 아우르는 핵심 요소로 내세웠다. 2017년 2월에는 「AI 산업화 로드맵」을 발표했는데, 2020년을 전후하여 개별영역에 국한된 AI 데이터의 이용을 일반 차원으로 격상시키고, 2025년부터 2030년에 걸쳐 모든 산업 분야가 복합적으로 연결·융합되는 AI 생태계를 구축하겠다는 전략을 제시했다. 2019년 3월 총리실 산하 '통합혁신전략 추진회의'를 통해 'AI전략 2019'를 새로이 빌표했는데, 이는 2017년 제기된 AI 국가전략의 기조와 동일하게 AI 도입을 통한 사회문제 해결과 생산성 향상을 강조하고 있다.

유럽의 경우, 2017년 이후 기술 선진국들을 중심으로 개별 국가 차원에서 AI 국가전략이 수립되고 있다. 유럽연합 차원에서도 노력을 벌이고 있지만, 아직은 종합적이고 체계적인 신흥기술 안보의 전략 및 정책은 부재한 상황이다. 유럽연합은 2018년 4월 체결된 '인공지능 협력선언'을 통해 AI 분야의 투자 확대 계획을 천명하고, 회원국 간의 AI 전략 및 정책을 조율하기 위한 움직임을 보였다. 2018년 12월에는 앞서 체결된 '인공지능 협력선언'을 바탕으로 '인공지능 협동계획'의 수립에 합의했다. 이 계획에서 유럽연합은 '윤리적이고 안전하며 최첨단인 유럽산(Made in Europe) AI'의 개발을 목표로 각국의 AI 전략 조율을 천명하였다. 이를 위하여 모든 회원국이 2019년 중반까지 각자 AI 전략을 수립할 것을 권고하였다. 한편 유럽연합은 2020년 2월 「AI백서」를 발표하고 AI의 위험대응을 위한 정책방향을 제시하기도 했다.

2. 인공지능 기술경쟁과 안보화

현재 미국은 AI 경쟁에서 선두를 유지하고 있으나, 중국을 필두로 하는 후발주자의 거센 추격에 직면하고 있다. 정보통신기술진흥센터에 따르면, 2017년 현재 인공지능 기술 수준은 미국 기준(100)으로 유럽이 88.1, 일본이 83.0, 중국이 81.9, 한국이 78.1로 평가된다. 중국은 2016년부터 한국의 기술 수준을 넘어섰다. AI 연구의 경우, 연구논문 수에 있어서는 중국이나 유럽연합 등이 가파른 추격세를 보이고 있으나, 논문의 평균 피인용수, AI 연구자의 평균적인 영향력(H-지수) 등에서는 여전히 미국이 다른 국가를 앞서고 있다. 국가별 인공지능 관련 기술 특허 출원 수를 보면, 2017년 현재 미국과 중국은 각각 9,786건(28%)과 6,900건(20%)을 차지했고, 기업별로는 IBM 2,399건, 구글 2,171건, 마이크로소프트 1,544건에 이어 바이두 446건, 알리바바 384건, 텐센트 201건 등이다.

AI 인력, 특히 교육 및 연구인력에서도 미국이 질적으로 앞서 있다. 미국계 싱크탱크인 데이터혁신센터의 조사에 따르면, 2017년 기준 AI 연구자로 추산되는 인력의 수는 미국의 28,536명에 비해 중국은 18,232명에 달하는데, H-지수 기준으로 최상위 수준의 연구자만 추산하게 되면, 미국의 5,158명에 비해 중국은 977명에 불과하다. 중국 정부의 적극적인 인재 유치 정책에도 불구하고 중국 내 AI 연구 인력의 두뇌 유출은 이어지고 있다. 전반적으로 상업 지향적인 중국의 AI 생태계 역시 기초분야 연구개발에 대한 투자를 제약하는 요인으로 작용하고 있다. 그러나 인적 자원의 양에서는 중국이 미국을 앞서고 있으며, 특히 AI 개발 및 운용 기업에 근무하는 인력의 수에서 미국보다 앞서나가고 있다.

데이터혁신센터의 2019년 조사에 따르면, 미국은 중국에 비해서 AI 스타트업에 상대적으로 유리한 기업환경을 지닌 것으로 평가됐는데, 2017년 기준 미국의 AI 스타트업 수는 1,393개로, 중국의 383

개를 크게 앞선다. 미국은 민간영역의 벤처캐피털 투자도 활발하다. 2012년 2억 8,200만 달러에 불과했던 AI 분야 투자액은, 2017년에는 50억 달러 규모로 증가했으며, 2019년에는 100억 달러를 상회했다. 그러나 2020년 회계연도 미 연방정부의 AI 관련 연구개발예산 총액이 9억 7천만 달러에 불과한데, 이는 민간 투자에 비해 미국 정부의 투자가 그 규모에 있어 상대적으로 부진함을 보여준다. 중국은 미국에 비해 상대적으로 AI 스타트업 생태계의 형성이 빈약한데, 특정 기업에 집중된 정부의 예산 투자로 인해서 2019년 100만 달러 이상의 투자를 받은 AI 기업의 수가, 미국의 1,727개에 비해, 224개에 불과하다.

그러나 중국은 스타트업 수가 적은 대신, 소수의 핵심 기업 위주로 집약적인 투자가 이루어지고 있다. 예를 들어, 중국 내 치안 및 사법 분야에 인공지능 솔루션을 제공하고 있는 안면인식 AI기업 센스타임은 순수 AI기업으로서는 세계 2위의 규모(약 75억 달러)이다. 센스타임을 제치고 인터넷 관련 유니콘 기업 중 시가총액 기준 세계 1위 규모(2020년 5월 기준 약 100억 달러 이상 추산)를 자랑하는 바이트댄스 역시 틱톡 합병 후 계속 규모를 늘려가고 있다. 또한, 기성 기업들의 AI 도입 의지와 현황에 있어서는 중국이 미국을 앞서고 있다. 2018년 기준 AI를 도입한 중국 기업의 비율은 32%에 달하며(미국 22%), 도입에 앞서 시범적으로 AI를 적용하는 기업은 53%에 육박하고 있어(미국 29%), AI를 실생활에서 활용하는 수준은 중국이 미국보다 높음을 보여준다. AI 도입의 의지가 에너지, IT 등 특정 분야에 편중된 미국과 달리, 중국은 AI를 사용하는 기업들이 산업 전 분야에 걸쳐

고르게 분포한다.

　중국의 AI 기업들은 데이터에 대한 접근과 가용한 데이터의 양, 그리고 AI 기반기술의 잠재적 사용자 수 등에 있어 미국보다 우위에 있다. 중국은 AI의 발전에 필수적인 데이터의 양이 다른 나라들보다 훨씬 많다. 특히 중국은 개인소비나 생활 패턴과 관련된 데이터로 활용할 수 있는 모바일 결제 데이터 발생량에 있어 미국을 압도하고 있다. 2018년만 해도 중국 인구의 45%에 해당하는 5억 2,500만 명이 모바일 결제를 사용했다. 동 기간 미국에서는 5,500만 명만이 모바일 결제를 사용했다. 이는 미국 인구의 20%밖에 되지 않는다. 전체 데이터의 가용량에 있어서는 미국이 중국보다 부족하지만, 유의미하게 사용될 수 있는 데이터, 즉 지도 데이터, 유전정보 데이터, 의료기록 데이터 등에 있어서는, 비교적 광범위하고 역사가 긴 전산화로 인해, 미국이 여전히 중국보다 그 품질이 앞서 있는 것으로 평가된다.

　아직은 잠재적인 것으로 봐야겠지만, AI 분야에서 중국의 기술 추격은 향후 점점 더 거세질 것으로 전망된다. AI의 경우 현재 산업 발전의 초기 단계이고 미국과 중국 각국의 장점에 기반을 두고 서로 상이한 부문에 주력하고 있는 것으로 판단할 수 있다. 2019년 양국 갈등의 불씨가 되었던 5G 분야와는 달리, AI 갈등은 아직 미중 관계의 전면에 부상하지는 않았다. 미국은 아직 중국 정부의 부당한 AI 분야 개입에 대한 포괄적인 문제 제기를 하고 있을 뿐이다. 그러나 향후 핵심기술과 주력 부문이 겹치고 AI의 안보적, 군사적 중요성이 증대됨에 따라 AI가 정부의 통제나 감시와 밀접하게 관련된 문제로 불거지게 되면 양국의 AI 갈등은 거세어질 가능성이 없지 않다. AI

분야의 우열은 디지털 패권경쟁 전반의 승패를 가름할 것으로 인식되고 있기 때문이다(Gill, 2019).

실제로 최근 미중 기술경쟁은 신흥기술의 안보적 함의가 강조되면서 단순한 기술경쟁의 차원을 넘어서 전면적인 디지털 패권경쟁으로 발전하는 양상을 보이고 있다. 클라우드, 블록체인, 인공지능, 사물인터넷, 양자컴퓨팅 등의 경우에 이런 경향이 나타나는데, 인공지능 기술은 가장 대표적인 사례 중 하나라 할 수 있다. 민군겸용기술의 성격을 강하게 지닌 AI가 경제력과 군사력을 구현하는 핵심기술로 인식되면서, AI의 기술적 우위를 점하는 것이 디지털 패권, 더 나아가 글로벌 패권을 장악하는 선결 조건으로 이해되고 있다. 특히 AI 역량의 우열은 강대국 간의 권력구조 변동, 특히 글로벌 패권을 다투는 미중 양국의 세력관계 변동을 읽어내는 잣대로 이해되고 있다. 이런 점에서 기술강국들은 공통적으로 AI의 기술적 이슈를 다양한 관점에서 국가안보의 문제로 '안보화'하는 경향을 보이고 있다.

첫째, 군사안보의 관점에서 AI 기술을 안보화하는 경향이다. 이는 군사화(militarization)의 과정과 밀접히 연관되어 있다. 최근 상업용 AI 기술이 군사용으로 전용되어 기존의 군사역량을 강화하는 데 기여하는 현상이 많아지고 있다. AI 기술혁신이 대학과 기업에서 이루어지고 있으나, 군사 분야로 빠르게 전용되고 있다. 민군겸용의 성격을 지닌 첨단기술인 AI 기술역량 격차에 대한 국가안보 차원의 우려가 발생하는 이유이다. 또한 군사안보 차원에서는 기술적 우위를 선점함으로써 군사력을 증진하고, 나아가 테러, 해킹 등 신흥기술 악용에 효과적으로 대응해야 한다는 문제가 제기된다. 예를 들어, AI의 경우 인식·인지증강 분야에서 급속도로 실용화되고 있고, 무기·정보·감시·정찰 시스템과 결합할 경우 군사·정보적 잠재력이 막대할 것으로 평가된다. 드론·로보틱스 기술도 AI 기술의 발전과 더불어 정밀도가 크게 향상되었는데, 군용 무인장비가 널리 보급되고 있고 군용 드론과 AI가 결합한 자율살상무기도 점점 더 현실화되어 가고 있다. 이런 맥락에서 AI는 군사적 관점에서 안보화되고 더 나아가 군사화되면서 실제 무기체계로 개발될 가능성을 높이게 된다(Johnson, 2019b).

둘째, 경제안보의 관점에서 AI 기술이 안보화되는 경향이다. 최근 미국은 중국의 기술추격을 견제하고 자국의 기술경쟁력을 보전하기 위해 안보화의 담론을 내세운 정치경제적 수단을 동원하고 있다. 미국의 정책서클은 미중 간의 무역과 투자의 문제를 국가안보의 관점에서 인식하고 수출입통제 조치를 감행하고 있다. 미국은 자국 기업들의 기술이 중국으로 유출되는 것을 막거나 기술보안 문제가 의심되는 중국 제품 및 서비스의 수입이나 이와 관련된 해외투자와 인수합병 등을 규제하는 조치를 취하고 있다. 최근 미중관계의 가장 큰 쟁점으로 부상했던 5G 기술분야의 화웨이 사태가 대표적인 사례라고 할 수 있다. 또한, 미국은 2019년 AI 안면인식 기술을 이용해 신장위구르 자치구 주민을 탄압하는 데 동참하고 있다는 혐의로 센스타임과 메그비, 이투 등 중국의 거대 AI 기업에 대한 제재를 발표하기도 했다. 여기에는 하이크비전, 아이플라이텍 등 AI를 상품에 적용하는 기업들도 함께 포함되었다. 해당 제재는 상무부에서 발표한 블랙리스트를 근거로, 총 20개 공공기관 및 안보 관련 부처에 대해, 이들 기업과의 기술 수출입을 전면적으로 금지하는 조치로 나타났다.

끝으로, 데이터 안보의 관점에서 AI 기술이 안보화되는 경향이다. 디지털 패권경쟁이 본격화됨에 따라 AI를 통해 수집·분석된 데이터가 국가안보에 미치는 영향이 커지고 있다. 데이터 우위는 데이터의 수집, 분석, 창조 역량을 증진하는 것을 의미하는데, 기존의 스몰데이터 환경과는 달리 오늘날의 빅데이터 환경에서는 그 성격이 더 복잡해지고 있다. 오늘날 데이터 안보는 전통 군사안보와는 다른 메커니즘을 통해서 안보문제가 된다. 그 자체가 군사안보 관련 데이터가 아니더라도 빅데이터 환경에서는 민간 데이터도 일정한 처리와 분석의 과정을 거쳐서 군사적 함의가 추출되기도 한다. AI 기술의 발달은 이러한 가능성을 높여 놓았다. 예를 들어, AI 기술이 위성 이미지 분석, 사이버 방어 등 군사 분야의 노동집약적 부문의 자동화를 위해 사용될 수 있다. 이러한 과정에서 생성되는 데이터의 안보적 함의는 매우 크다. 사물인터넷의 보급이 확대되면서 여기서 생성되는 데이터를 처리하는 데 AI의 중요성이 더욱 강조되고 있다. 이러한 시각에서 볼 때, 데이터의 수집과 처리 및 분석을 위한 알고리즘의 확보는 국가안보의 문제가 아닐 수 없다.

III. 알고리즘 표준경쟁과 규제제도의 마찰

1. AI알고리즘 플랫폼 경쟁

엄밀히 보면, 인공지능 기술경쟁은 미국, 중국 등의 주요국들이 벌이는 국가 간 경쟁이라기보다는, 구글, 아마존, 바이두, 알리바바 등과 같은 민간 AI기업들이 주체로 나서는 기업 간 경쟁이 주를 이룬다. 특히 이들 기업이 단순 제조업 분야의 기업이 아니라 네트워크 환경을 배경으로 활동하는 기업이기 때문에, 이들의 경쟁은 단순한 기술경쟁의 차원을 넘어서 표준경쟁 또는 플랫폼 경쟁의 성격을 띤다. AI알고리즘의 설계역량을 바탕으로 한 표준의 장악과 플랫폼의 구축이 이들 기업이 벌이는 경쟁의 관건이다. 이러한 'AI알고리즘 플랫폼 경쟁'의 과정에서 AI기업들은 핵심 기술역량과 데이터 자산을 바탕으로 자사가 주도하는 플랫폼의 구축을 통해서 인공지능 생태계를 구성하고자 시도한다. 이들 미국과 중국의 인터넷 기업들은 자신들이 확보한 엄청난 데이터와 사용자 정보를 활용해 인공지능의 역량을 고도화하고 있으며, 이를 다양하게 활용 가능한 인공지능 플랫폼을 만들어 가려고 한다(이승훈, 2016).

스마트폰 개발 초기, 모바일 운영체제인 안드로이드 OS를 외부에 개방한 구글은, 운영체제를 플랫폼화하여 생태계를 구축함으로써 단말기 제조사, 모바일 앱 개발자, 소비자 등을 아우르며 산업을 주도한 바 있다. 마찬가지로 오늘날 주요 IT기업들은 인공지능을 플랫폼화하여 1차 소비자가 될 기업과 소프트웨어 개발자들을 끌어모아 자신에게 유리한 AI 생태계를 만들려는 시도를 벌이고 있다. 각 산업 내 행위자들은 IT기업들이 제공한 인공지능 플랫폼을 활용하여 그 생태계 속에서 새로운 기회를 만들어 갈 수 있다. 반대로 주도권을 가졌던 기업들은 인공지능 플랫폼을 장악한 새로운 기업들에게 기존 영향력을 빼앗기며 도태될 수도 있다. 해당 시장에 먼저 진출해 생태계를 만드는 기업이 절대적으로 유리한 지위를 차지하는 '선발효과'가 발생한다. 초기에 많은 참여자를 생태계로 끌어모으는 인공지능 플랫폼을 장악한 기업과 뒤늦게 시장에 들어와 생태계를 구축하려는 후발기업 간의 격차는 크게 벌어질 수밖에 없다(이승훈, 2016).

그런데 이들 AI 기업들이 내세우는 전략의 핵심이, 플랫폼은 공개하지만 데이터는 소유하는, 이른바 '개방과 소유(open-but-owned)의 전략'이라는 사실에 주목할 필요가 있다. 구글, 페이스북, MS 등 다수 기업은 인공지능 기술 관련 소스코드, API, 트레이닝 및 테스트베드 환경 등을 전 세계에 무료로 공개하고 있다. 이러한 기업들은 많은 투자를 통해 개발한 인공지능 플랫폼을 무료로 공개하면서 자사 주도의 인공지능 혁신 생태계를 조성하려고 한다. 그러나 인공지능 플랫폼과는 달리 이들 기업이 보유한 데이터는 공개되지 않는다. 인공지능 기술은 알고리즘만으로는 작동하지 않으며, 학습 과정뿐만 아니라 테스트 과정에서 대량의 데이터가 필요하다. 알고리즘 역량 외에도 주요 기업이 차별적으로 확보한 데이터가 인공지능 플랫폼의 성능에 결정적인 영향을 미칠 수밖에 없는 이유이다. 이런 점에서 장차 AI기업의 핵심경쟁력은 알고리즘보다는 보유 데이터에 있다는 전망이 나온다(유승화, 2017).

현재 주요 글로벌 IT기업들 대다수는 인공지능 플랫폼을 구축하기 위한 경쟁을 준비 중이다. 이른바 GAFA로 알려진 미국의 거대 IT기업들, 즉 구글(G), 아마존(A), 페이스북(F), 애플(A)이 이러한 새로운 양식의 경쟁을 선도해 가고 있다. 일차적으로 이들 미국의 IT기업들은 AI 스타트업의 인수를 통해 AI알고리즘 플랫폼 경쟁에 참여하는 행보를 선보였다. 구글의 딥마인드 인수, 아마존의 알렉사 인수, 트위터의 파뷸라(Fabula) 인수 등의 사례에서 나타나듯이, 미국의 IT기업들은 50여 개의 AI 전문기업들을 인수하며 인공지능 플랫폼 경쟁에 뛰어들었다. 이러한 과정에서 이들 기업이 각기 다른 접근법을 취하고 있음에 주목할 필요가 있다. 구글은 기술력과 방대한 데이터를 기반으로 한 범용 인공지능 플랫폼을 꾸려 나가고 있다. 아마존의 경우 실생활로 파고드는 인공지능 플랫폼을 추구한다. 페이스북은 정교화된 개인별 맞춤형 인공지능 플랫폼을 지향한다(이승훈, 2016).

중국의 경우도 BAT로 불리는 기업들, 즉 바이두(B), 알리바바(A), 텐센트(T)를 중심으로 이른바 '국가대표팀'을 구성하여 개별 기업의 자체적인 연구개발 외에도 국가적 목표를 위해 연구 프로젝트를 분담하여 추진하고 있다. 2017년 중국 과학기술부는 '신세대 인공지능 개방형 혁신 플랫폼'으로 바이두, 알리윈(알리바바의 클라우드 컴퓨팅 관련 자회사), 텐센트, 아이플라이텍 등 4개사를 선정함으로써 이러한 모델의 추진을 공식화했다. 이에 따라 바이두는 자율주행차,

알리바바는 스마트 시티, 텐센트는 의료기기 이미징, 아이플라이텍은 스마트 음성인식 등을 맡아 개발하고 있다. 이후 2018년 안면인식 AI기업 센스타임이 개방형 혁신플랫폼에 추가되었으며, 2019년에는 10개 기업이 대거 추가되었다. 중국 정부의 진두지휘 아래 여러 대형 기업들이 각각 자율주행차, 스마트 시티, 의료 및 헬스, 음성인식 등의 분야에서 특화된 기술개발의 책임을 맡은 모양새다.

이러한 경쟁의 과정에서 미중 양국이 국가적 차원에서 취하고 있는 전략의 차이를 이해하는 것도 중요하다. 미국은 민간기업을 중심으로 개방형의 인공지능 생태계를 조성하고 여기에 누구나 참여할 수 있다는 방식으로 접근한다. 미국은 개념설계로부터 상세설계를 거쳐서 실행으로 이르는 전 단계에서 혁신의 창출을 지향하는데, 주로 AI의 개념설계는 선도적 투자를 하고, 나머지 단계는 공개형 전략을 취하여 추격을 방어하고 글로벌 AI 인재들과 협업하는 방식을 병행한다. 이러한 연장선에서 미국 정부는 2019년 대통령 행정명령 'AI 이니셔티브'를 통해 AI 관련 연구개발을 공개하는 쪽으로 가닥을 잡았는데, 정부기관의 성과를 민간기업이 확인하고 서로 기술을 공유한다는 것이 골자다(김준연, 2020).

이에 비해 중국은 미국의 인공지능 생태계에 종속되지 않는다는 전제하에 이를 모방하는 한편, 방대한 내수시장을 기반으로 독자적인 생태계의 구축을 꾀하는 전략을 취한다. 중국은 현재 미국이 구축한 AI알고리즘의 개방 생태계에 편입하여 복제학습을 하는 단계에 있는 것으로 평가된다. 동시에 중국 정부는 '신세대 인공지능 발전계획' 등과 같은 장기계획을 통해 민간 AI기업의 잠재력을 키우고

막강한 투자를 단행하는 시도를 벌인다. 이러한 과정을 통해서 중국은 '중국제조 2025'의 큰 틀 안에서 자국의 특기인 제조업과 인공지능의 만남을 추구할 가능성이 크다. 즉 소프트웨어에 치우친 것이 아니라 현실의 오프라인 제조 현장과 인공지능의 만남을 유도해 다양한 가능성을 타진하는 방식이라고 할 수 있다(김준연, 2020).

미중 IT기업들이 벌이고 있는 인공지능 플랫폼 경쟁은 좀 더 넓은 의미에서 본 '인터넷 플랫폼 경쟁'이라는 맥락에서 이해할 필요가 있다. 일반적으로 GAFA와 BATH(H는 화웨이)의 대결로 그려지는 이 분야의 경쟁에서는 아직까지 미국 인터넷 기업들이 우세를 보이고 있다. 블룸버그에 따르면, 2016년 9월 기준 세계 시가총액 상위 10대 기업에는 6,120억 달러의 애플을 비롯해 구글(5,390억 달러), 마이크로소프트(4,430억 달러), 아마존(3,700억 달러), 페이스북(3,690억 달러) 등과 같은 미국 IT기업들이 포함되어 있다. 이러한 미국의 아성에 최근 중국의 인터넷 기업들이 도전장을 내밀고 있다. 대략 바이두는 구글을, 알리바바는 아마존을, 텐센트는 페이스북을, 화웨이는 애플을 앞지르기 위한 다양한 시도를 벌이고 있다.

최근 인공지능이 특정 산업을 넘어 정보통신산업이나 인터넷 비즈니스 전반과 융복합되는 추세를 감안한다면, 향후 미중 양국의 경쟁도 새로운 전략과 모델이 모색되는 또 다른 국면으로 진화해 갈 것으로 예견된다. 중국과의 경쟁에 가세한 미국 IT기업들의 면모만 보아도, 구글, MS, 아마존 등은 산업과 서비스의 영역 구분을 넘어서 이들을 가로지르는 플랫폼을 구축하고 있는 기업들이다. 따라서 이들의 전략은 개별 기술경쟁이나 특정 산업영역에서 전개되는 경쟁에 국한된 것이 아니라 거의 모든 산업과 서비스를 아우르는 플랫폼 경쟁을 지향한다. 넓은 의미에서 이들의 경쟁은 단순한 기술경쟁을 넘어서 종합적인 미래 국력경쟁으로, 그리고 이를 지원하는 정책과 제도 및 체제의 경쟁으로 확장될 것으로 전망된다.

2. 알고리즘 권력과 AI규제표준 경쟁

AI알고리즘 플랫폼 경쟁의 과정에서 '알고리즘 권력'의 부상을 경계하고 규제하는 문제가 논란거리이다. 사용자 개개인의 수요에 맞춰 알고리즘을 적용하고 서비스를 제공하기 위해서 개인정보와 데이터를 수집·처리·분석하는 과정에서 '편향적 권력'이 작동할 수 있다는 것이다. 이러한 과정에서 AI알고리즘은 사용자들에게 최적의 서비스를 제공하고 최신의 정보를 제공하며, 심지어 번거로운 일상의 결정마저도 대신해준다는 명목으로 거대하고 전능한 권력을 행사할지도 모른다. 사실 빅데이터 환경에서 가장 경계해야 할 새로운 권력은 이러한 '알고리즘 권력'이다. AI알고리즘이 우리 삶의 편의를 제고하는 과정에서 프라이버시의 침해와 감시, 그리고 개인정보의 유출 및 인권침해가 우려된다. 이러한 AI알고리즘이 무기체계에도 적용되어 인간의 생명을 다루는 결정을 내릴 가능성도 없지 않다. 비대화된 AI알고리즘을 규제할 정책과 제도 및 윤리와 규범에 대한 논의가 제기되는 것은 바로 이러한 맥락이다.

이에 따라 주요국들은 AI알고리즘의 규제원칙을 국가전략의 차원에서 제시하고 있다. 미국은 2020년 1월 공개된 '인공지능 적용 규제 가이드라인(Guideline for Regulation of Artificial Intelligence Applications)' 에서 민간 부문이 AI 활용을 위한 규칙을 만들 경우 고려해야 할 10가지 원칙을 제시했다. 미국 내 기관들이 도입하는 모든 AI규제는 공정성, 차별금지, 개방성, 투명성, 안전 및 보안 등을 장려하는 목표를 설정해야 한다는 것이다. 2020년 2월에는 책임성, 형평성, 추적 가능성, 신뢰성, 통제 가능성 등을 골자로 하는 국방부의 'AI 5대 원칙'이 채택되었다. 2020년 7월 국가정보국(DNI)은 '국가안보 인텔리전스 커뮤니티 AI원칙'을 제시했는데, 국가안보 목적으로 활용하는 AI는 유용하고 투명하며 개인정보보호 및 기타 법률에도 어긋나지 않아야 한다고 강조했다.

중국도 2019년 5월 '신세대 인공지능 산업기술 혁신전략동맹'이 '베이징 AI 원칙'을 발표했는데, 이 원칙은 인공지능의 개발, 사용, 거버넌스에 관한 15개조 원칙을 제시했다. 먼저 AI의 개발과 관련해서는 인류행복 기여, 인간적 가치, 연구자 책임성, AI위험 통제, 공정성·투명성, 다양성·포용성, 개방성·정보공유 등이 제시되었다. 둘째, AI의 사용과 관련해서는 적절한 사용, 데이터 및 인권관리, 교육과 훈련 등을 제시했다. 끝으로, AI의 거버넌스와 관련해서는 AI노동의 우량화, 거버넌스의 조화와 협력, 적절한 규제, 분야별 세분화된 가이드라인, 장기적 계획 등이 제시되었다. 한편 2019년 6월에는 '국가 차세대 AI관리 특별위원회'에서 8가지 '차세대 AI관리원칙'을 발표했는데, 공평성, 포용성, 프라이버시 존중, 안전과 통제 가능성, 책임 공동분담 등의 내용을 골자로 담았다.

일본도 2019년 3월 '인간 중심의 AI 사회 원칙'을 발표하여 AI 사회의 실현과 글로벌 AI 리더십 확보를 위한 전략을 제시하고, 인간중심, 교육·리터러시, 프라이버시 확보, 보안 확보, 공정경쟁 확보, 공평성, 설명책임, 투명성, 혁신 등을 강조하였다. 또한, 'AI 이용·활용 가이드라인'도 발표하여 자발적 규제의 형식으로 AI를 운용하는 기업들이 따를 수 있는 데이터 및 개인정보·윤리 관련 행동수칙을 제시하였다. 한편 유럽연합도 2019년 4월 인공지능에 대한 신뢰성을 제고하기 위해 'AI 활용을 위한 윤리지침'을 제시하였는데, 이는 AI 활용을 위한 7개 원칙으로 인간의 역할과 감독, 견고성 및 안전성, 개인정보 및 데이터 통제, 투명성, 다양성·무차별성·공정성, 사회적·환경적 복지, 책임성 등을 제시하였다. 유럽연합의 윤리지침은 법률적 강제성은 없지만 AI규범의 국제적 논의를 선도하는 효과를 목표로 했다.

이렇게 AI규제의 원칙들이 제시되는 와중에 AI규제에 대한 미중의 입장 차도 드러나고 있다. 대체로 양국의 AI규제 원칙은 개방성, 투명성, 공정성 등과 같이 명분적으로는 크게 다르지 않은 가치를 천명하고 있다. 그러나 실제로 AI를 개발·적용하는 과정에 이르면 상대방의 행태를 서로 다르게 해석하고 있어, AI규제 정책이나 윤리규범을 둘러싼 마찰과 충돌의 가능성이 있다. 미국이 인권과 개인정보보호를 중시하는 자발적 규제를 강조한다면, 중국은 AI의 적절한 거버넌스를 위한 조화와 협력을 중시하는 입장이다. 이러한 차이는 양국 간의 상호 불신과 신념 차이 등의 요소와 맞물려 자국에 편리한 방향으로 해석을 유도할 가능성이 있다. 예를 들어, 미국 정책 당

국자들의 눈에는 중국이 AI의 개방성을 지속적으로 언급하는 것이 실질적으로는 군민융합을 통한 대미 산업스파이 활동을 부추기는 것으로 비춰지고/인식되고, 궁극적으로는 중국의 AI 정책이 투명성과 공정성을 해치고 있다고 해석할 수 있다는 것이다.

실제로 이러한 차이는 최근 중국의 안면인식 AI와 관련된 논란으로 불거졌다. 중국은 안면인식 AI 분야에서 앞서가고 있는데, 이러한 기술로 지하철·공항의 출입, 쓰레기 분리배출 관리, 수업태도 감시까지도 현실화했다(박세정, 2019). 2019년 12월부터는 중국에서 휴대폰 유심 카드를 새로 구입하는 사람은 모두 신원확인을 위해, 의무적으로 안면인식 스캔을 받아야 한다. 중국이 안면인식 AI를 활용해 인권을 탄압한다는 비판이 나오는 대목이다. 2019년 10월 트럼프 행정부는 인권을 탄압하고 미국의 국가안보 및 외교 정책에 반한다는 이유로, 중국 신장위구르 자치구의 불법 감시에 연루된 지방정부 20곳과 기업 8곳을 블랙리스트에 올렸다. 여기에는 중국의 대표적 안면인식 스타트업 센스타임, 딥 러닝 소프트웨어회사 메그비, 역시 이미지 인식 기반 AI 업체인 이투 등 중국의 대표적 AI 기업들이 포함됐다. 제재 대상에 오르면 미국 정부의 승인 없이는 미국이나 미국 기업으로부터 부품 등을 구매할 수 없다. 해당 중국 기업으로선 막대한 타격이다(홍석윤, 2019).

2020년 5월 미국이 G7 회원국으로 구성된 인공지능 협의체인 GPAI(Global Partnership on AI)에 가입한 일도, 단순히 미국이 AI 사용에 관한 윤리지침의 마련을 위한 국제적 움직임에 동참했다는 차원을 넘어서, AI규제와 관련하여 중국에 대한 압력을 가하려는 것으로 해석되고 있다. GPAI는 국제사회가 인권, 다양성, 포용성, 혁신, 경제성장 등의 원칙에 기반해 AI를 활용하도록 이끄는 것을 목적으로 프랑스와 캐나다가 2018년에 처음 설립을 제안한 협의체이다. 그런데 G7 회원국 중 유일하게 동참하지 않던 미국이 가입함으로써 최초 제안 2년 만에 공식 출범하게 된 것이다. 미국의 입장이 변화한 것은 고조되는 중국과의 갈등 속에서 중국의 기술굴기를 견제하기 위한 움직임으로 풀이된다. 그동안 지나친 AI규제는 자국 내 혁신을 방해할 것이라며 가입을 거부해온 미국은 중국의 '기술오용'에 대항하는 것이 중요하다고 판단해 갑자기 태도를 바꾸었던 것이다.

IV. 자율무기체계 규범경쟁의 세계정치

1. 민간 차원의 자율무기체계 규범 논의

AI알고리즘의 규범에 대한 논의는 개인정보보호와 인권보장의 차원에서도 제기되지만, 군사적 차원에서 인공지능을 탑재한 살상무기의 개발에 대한 윤리적·법적 규제의 문제로도 나타난다(이원태 외, 2018). 이른바 '킬러로봇'에 대한 인간의 통제, AI 및 자율살상무기의 개발과 윤리적 기준 사이의 균형, 기존 인권법적 가치의 적용, 테러집단의 악용과 기술유출을 방지하기 위한 수출통제 등의 문제들이 쟁점으로 제기되고 있다. 자율살상무기에 대한 윤리적·법적 기준이 부재한 상태에서 자율살상무기를 운용하는 것이 초래할 결과에 대한 심도 있는 논의가 필요한 상황이다. 여기서 더 나아가 자율살상무기의 확산이 인류의 생명뿐만 아니라 인간 전체의 정체성을 위험에 빠트릴 수도 있다는 문제 제기마저도 나온다(Butcher and Beridze, 2019; Koppelman, 2019; Jensen, Whyte and Cuomo, 2019).

자율무기체계에 대한 우려가 제기되는 이유는 AI 기반 살상무기체계가 프로그램 바이어스, 해킹, 컴퓨터 오작동 등과 같은 문제에 취약하기 때문이다. AI를 활용하여 자동으로 프로그래밍된 해킹 공격을 통해서 시스템의 취약점을 공략하는 기술들이 날로 발달하고 있다. AI가 설정한 프로그램 바이어스는 특정 그룹에게 차별적으로 작용할 수 있는데, 최근 안면인식 시스템이 무기체계로 통합되면서 비인권적이고 비인도적인 피해를 초래할 가능성도 커지고 있다. 해킹 위협이나 프로그램 바이어스 이외에도 AI 시스템은 프로그래머의 예상치 못했던 코딩 실수를 통해서도 위험을 발생시킬 수 있다. 이러한 바이어스와 오류 또는 오작동에 대한 우려는 AI가 점차로 군사무기화되어 가면서 커져가고 있다(Haner and Garcia, 2019, p. 332).

핵군비 경쟁의 역사적 교훈을 떠올리면, 자율살상무기의 개발은 강대국 간의 새로운 군비경쟁을 촉발함으로써 국제질서의 불안정을 초래할 뿐만 아니라 더 나아가 인류 전체를 위험에 빠트릴 수도 있다. 게다가 핵무기와는 달리 값싼 비용으로도 개발할 수 있는 특성 때문에 자율살상무기를 둘러싼 경쟁이 낳을 파장은 그 정도가 더 심할 수도 있다(Garcia, 2018, p. 339). 이른바 불량국가들이나 테러집단과 국제범죄조직과 같은 비국가 행위자들이 자율살상무기를 획득하게 된다면 그 피해가 어느 방향으로 튈지를 예견하기 어렵다. 그나마 '합리성'을 전제로 해서 국가 행위자들이 관여하는 갈등과 분쟁의 경계를 넘어서, 그야말로 통제되지 않는 불확실성을 야기할 수 있기 때문이다(Bode and Huelss, 2018, p. 398).

이러한 우려를 바탕으로 기존의 국제법을 원용하여 자율살상무기(LAWS)의 사용을 규제하는 문제가 논의되어 왔다. 예를 들어, 킬러로봇이 군사적 공격을 감행할 경우, 유엔헌장 제51조에 명기된 '자기방어'(self-defense)의 논리가 성립할까? '전쟁의 원인에 관한 법'(*Jus ad Bellum*) 전통에 근거해서 볼 때, 킬러로봇을 내세운 전쟁은 '정당한 전쟁'일까? 또한 '전쟁 중의 법'(*Jus in Bello*)의 관점에서 볼 때, 킬러로봇은 전장에서 전투원과 민간인을 구별(distinction)하여 전투행위를 전개해야 하며, 킬러로봇의 공격 시 의도하는 민간인 인명 살상이나 재산 피해가 군사적 효용을 상회하지 않아야 한다고 규정하는 비례성(proportionality) 원칙은 지켜져야 할까?(민병원, 2017, pp. 175-176).

좀 더 근본적으로 제기되는 쟁점은 전장에서 삶과 죽음에 관한 결정을 기계에 맡길 수 있느냐는 윤리적 문제이다. 핵무기가 아무리 인류에 위험을 부과했더라도 이는 여전히 정책을 결정하는 인간의 '합리적 통제' 아래 있었다. 그러나 인간의 인지 능력을 모방해서 만들어진 인공지능 시스템이 사람의 목숨을 빼앗는 결정을 내리는 것을 용납할 수 있을까? 이러한 결정을 인공지능에 부여하는 것은 인간 존엄성을 포기하는 것은 아닐까? 급속히 발달하는 인공지능 로봇에 대해 인간의 '의미 있는 통제'를 수립하려면 어떻게 해야 할까? 좀 더 구체적으로 자율살상무기가 국제법을 준수하고 인명에 영향을 미치는 윤리적 판단을 할 수 있도록 설계하고 운용할 수 있을까?(Arkin, 2009; Sharkey, 2008).

이러한 문제의식을 바탕으로 자율살상무기의 금지를 촉구하는 글로벌 시민사회 운동이 진행되었다. 예를 들어, 2009년에 로봇 군비통제 국제위원회(ICRAC, International Committee for Robot Arms Control)가 출범했다. 2012년 말에는 휴먼라이트와치(Human Rights Watch, HRW)가 완전자율무기의 개발을 반대하는 보고서를 냈다. 2013년 4월에는 국제 NGO인 킬러로봇중단운동(CSRK, Campaign to Stop Killer Robots)이 발족되어, 자율살상무기의 금지를 촉구하는 서명운동을 진행했는데 2016년 12월까지 2천여 명이 참여했다. 이는 대인지뢰금지운동이나 집속탄금지운동에 비견되는 행보라고 할 수 있는데, 아직 완전자율무기가 도입되지 않은 상황임에도 운동이 전개되었음에 주목할 필요가 있다(Carpenter, 2016).

한편, 2017년 8월에는 전기차 테슬라와 스페이스X로 유명한 일론 머스크와 알파고를 개발한 무스타파 술레이먼 등 명사들이 주도하여, 글로벌 ICT분야 전문가 116명(26개국)이 유엔에 공개서한을 보내 킬러로봇을 금지할 것을 촉구하기도 했다(조현석, 2018). 또한 2018년 4월에는 해외의 저명한 로봇학자 50여 명이, 한국 카이스트(KAIST)와의 연구협력을 전면적으로 거부한 사건이 발생했다. 카이스트가 민간 군수업체인 한화시스템과 협력하여 '국방 인공지능 융합연구센터'를 만들어 인공지능 무기를 연구하고 있다는 사실을 문제 삼았던 것이다.

한편, 국제적십자위원회(ICRC, International Committee of the Red

Cross)도 2011년부터 자율무기체계에 대한 공식 논의를 시작했다. ICRC는 이후 2014년 3월 회의에서 자율무기체계가 국제인도법을 준수할 수 있다고 하더라도 인도주의나 공공양심(public conscience)에 비추어 기계가 인간의 생명을 빼앗는 결정을 하는 것은 근본적으로 문제가 있음을 지적했다. 이른바 '마르텐스 조항'(Martens Clause)의 적용 문제가 쟁점인데 이 조항은 현존 전쟁법이 규율하지 못하는 무기가 등장할 경우 인도주의나 공공양심이 대안적 법리로 적용될 수 있음을 적시한다.

2. 유엔 차원의 자율무기체계 규범 논의

킬러로봇중단운동(CSRC)의 운동은 결실을 거두어 2013년 23차 유엔총회 인권이사회에서 보고서를 발표했고, 유엔 차원에서 자율살상무기의 개발과 배치에 관한 토의가 시작되었다. 자율살상무기의 금지와 관련된 문제를 심의한 유엔 내 기구는 특정재래식무기금지협약(Convention on Certain Conventional Weapons, CCW)이었다. CCW는 비인도적 결과를 초래하는 특정 재래식무기 사용을 금지·제한하는 국제협약이다. 1980년 조약이 체결되었고, 1983년 발효된 이 조약은 현재 125개국이 서명했는데, 레이저무기나 탐지 불가능한 지뢰 등을 금지하고 있다. CCW는 만장일치 방식을 채택하고 있어 구체적인 규범을 확립하기에는 한계가 있다고 지적되어 왔다. 2013년 11월 완전 자율살상무기에 대해 전문가 회합을 개최하기로 결정한 이후, 2014

년 5월부터 2016년 12월까지 여러 차례 회합이 개최되었으며, 그 결과로 자율살상무기에 대한 유엔 정부전문가그룹(LAWS GGE)이 출범하였다(신성호, 2019).

유엔 LAWS GGE에서 AI 무기체계에 대한 논의는 AI 기술의 적용·활용이 주는 혜택은 살리면서도 윤리적으로 부정적인 요소를 피해 가는 규범을 만들자는 방향으로 진행되었다(유준구, 2019. p. 199). LAWS GGE에서 이러한 자율살상무기의 규제 문제를 논의하는 과정에서 쟁점이 된 것은, i) 자율살상무기의 개념과 범위에 대한 정의, ii) 자율살상무기의 규제 시 적용되는 법제의 내용, iii) 자율살상무기 규제에 적용되어야 할 규제원칙 및 기준 등의 문제였다. 이러한 논의 진행과정에는 완전자율무기를 규제하는 규범을 정착시키려는 '규범혁신가'(norm entrepreneurs)와 반대로 AI와 로봇기술의 발전을 도모하고자 하는 '규범반대자'(norm antipreneurs) 사이의 상충되는 이익이 자리 잡고 있었다(장기영, 2020).

특히 이러한 논의에서 미·중·러 등 기술 선도국과 개도국 그룹 간의 입장 차가 크다. 전반적으로 기술 선도국은 LAWS에 대한 논의를 아직 현존하지 않는 미래무기로서 완전자율살상무기에 한정하려고 했다. 반면, 개도국 그룹은 AI를 적용하는 무기체계 전반으로 논의의 범위를 넓히려고 한다. 이러한 입장 차와 관련하여 주목할 점은, 미·서방과 중·러 간의 대립으로 진행된 사이버 안보나 우주 군사화 논의와는 달리, LAWS 논의는 기술 선도국과 개도국 및 비동맹 그룹 간 대립으로 나타난다는 점이다. 2019년 제2차 GGE에서는 정책적 대응 방향과 관련하여 법적 구속력 있는 규범을 마련하자는 입장, 정치적 선언을 채택하자는 견해, 추가적 논의가 필요하다는 주장 등이 제기되어 논쟁을 벌였지만, 국가 간 이견으로 구체적인 방향성을 결정하지 못했다. 이러한 기조는 2020년 제3차 LAWS GGE 논의에도 이어져서 가시적인 합의를 도출하는 데 실패하였다.

결과적으로 지난 5년여 동안 유엔 회원국들 사이에서 자율살상무기에 대한 논의가 큰 진전을 보지 못하고 있다. 20개 이상의 나라에서 행해진 여론조사에 의하면, 61% 이상의 시민들이 자율살상무기의 개발을 반대하지만, 각국은 여전히 매년 수십억 달러를 자율살상무기 개발에 투자하고 있다. 프랑스와 독일은 현재의 국제법에 부합하는 방향으로 자율무기체계 개발을 규제하는 데 찬성하고 있다. 이외에도 28개 국가는 킬러로봇의 금지를 요구해 왔으며, 더 나아가 비동맹운동과 아프리카 국가들의 그룹은 살상로봇을 제한하는 새로운 국제조약의 필요성을 주창한다. 미국이 아직 명시적인 입장을 표명하지 않고 있는 가운데, 유럽 국가들은 자율살상무기를 금지하는 국제규범 수립의 노력을 지지하고 있다. 중국도 2018년 자율살상무기의 전장 사용을 금지하는 데 동의했으며, 자국의 자율살상무기 개발과 생산을 멈출 용의가 있다고 밝히기도 했다(김상배, 2020, p. 123).

다만, 2019년 8월 제2차 LAWS GGE에서 기존 10개의 지침에서 한 개 지침이 더 추가되는 성과가 있었음에 주목할 필요가 있다. 새로운 지침은 '인간-기계 상호작용'과 관련된 것인데, 이 지침과 연계되는 추가 지침 논의가 가속화될 것으로 예상된다. 특히 추가된 지침의 내용이 AI 및 자율살상무기에 대한 인간의 개입을 규정한 내용이어서, 당사자들 간에 AI 및 자율살상무기에 관련된 국제규범의 도입 필요성이 핵심 사안으로 인식되고 있음을 보여준다(유준구 2019, p. 220). 이후 CCW 당사국 회의에서도 이러한 원칙은 승인을 받았는데, 이러한 경향은 LAWS 관련 신흥기술의 잠재적인 개발과 사용 과정에서 국제인도법의 적용, 인간의 책임, 인간-기계 상호작용, CCW를 통한 프레임워크 제공 등에 대해서는 국제사회가 견해차를 좁히면서 합의를 모아가고 있는 것으로 평가할 수 있다.

이러한 합의도출 과정에서 유엔 사무총장의 지원도 힘이 되었다. 2018년 과학기술계 지도자의 모임인 '웹정상회의'(Web Summit)에 참석한 구테흐스 유엔 사무총장은 인공지능의 무기화를 중대한 위험이라고 지적하고, 자율무기체계로 인하여 확전 방지와 국제인도법의 준수가 어려워졌다고 개탄하면서 인명을 살상하는 무기는 정치적으로나 도덕적으로 수용할 수 없으며 국제법을 적용하여 금지해야 한다는 의견을 분명히 밝혔다(조동준, 2020). 이후 2019년 6월 유엔 사무총장이 주도한 '디지털 협력 고위급 패널'은 인간에 의한 결정, 감시체계 수립, 투명성, 비차별성 등의 내용을 담은 보고서를 발표했으며, 2019년 12월부터 라운드테이블을 진행하고 있고, 2020년 6월에는 '디지털 협력 로드맵'을 발표했고, 국제기구, 회원국, 기업, 연구기관, 시민단체가 참여하는 'AI 글로벌 자문기구'의 구성을 추진하였다.

3. 정부간협의체의 인공지능 규범 논의

이상에서 살펴본 포괄적인 국제법이나 국제규범의 마련 논의와는 별도로 2019년 5월 OECD 각료이사회에서는 'OECD AI 이사회 권고안'이 공식 채택되었는데, 이 권고안은 국제기구에서 최초로 수립된 AI 권고안이라는 의미가 있다(유준구 2019, p. 220). OECD 권고안은 법적 구속력이 없지만, OECD가 제시한 원칙은 국제표준을 설정하는 데 큰 영향을 발휘한다. 실제로 OECD가 제시한 '개인정보보호지침'은 미국과 유럽을 비롯한 전 세계 개인정보보호법의 기초가 되었다. OECD AI 권고안은 AI 관련 5개 원칙 및 정책 권고를 토해서 AI가 추구해야 할 가치를 명시했다. 이 권고안에서 AI 시스템은 정보를 투명하게 공개하는 투명성과 결과에 책임을 지는 책임성을 제시했는데, AI가 만들어낸 결과에 인간이 통제권을 행사할 수 있어야 한다는 내용도 포함되었다. 또한, AI가 작동하는 동안 안전이 보장돼야 하고, AI가 초래할 수 있는 잠재적인 위험이 지속적으로 평가돼야 한다는 원칙과 동 원칙들이 지켜지도록 AI 개발자와 이용자를 강제해야 한다는 원칙도 규정하였다.

G20 정상회의는 2019년 6월 일본 쓰쿠바에서 '디지털 경제 장관회의'를 개최하고 OECD AI 권고안을 부속서 형태로 'G20 AI 원칙'으로 추인하면서, 개별 규정의 어젠다에 대한 G20 차원의 의견을 제시하였다. 'G20 AI 원칙'은 디지털 경제와 관련하여 '인간중심 미래사회'라는 기조를 유지해야 한다고 지적하면서, 기존 유엔 SDGs를 강화하는 방향으로 추진되어야 함을 강조했다. '인간중심 AI'을 실현

하기 위해 정부, 국제기구, 학계, 시민사회, 민간 부문 등 모든 이해 당사자들이 각각의 역할을 수행해야 한다는 점을 확인하였다. 특히, AI 기술을 수용하기에는 열악한 상황에 처해 있는 중소기업 등을 지원해야 하는 점을 강조했다. 이밖에 유네스코에서도 2021년 채택을 목표로 'AI 윤리 권고문'을 협의 중이다. 한편 AI 및 신흥기술 관련 평시 규범에 대한 논의는 2021년 유엔에서도 진행될 것으로 전망되는데, 사이버 범죄 차원에서 논의가 진행될 것으로 보인다.

2020년 6월 세계 최초의 인공지능 전담 협의체인 GPAI(Global Partnership on AI)가 공식 발족했다. 앞서 언급한 바와 같이, GPAI는 프랑스와 캐나다가 2018년 처음 설립을 제안했고, 2019년 G7 정상회의에서 창설이 협의됐으며, 이후 2020년에 이르러 출범한 AI 글로벌 협의체이다. 이를 통해 AI 기술의 발전은 물론 올바른 활용에 대한 국제적 논의가 본격화될 전망이다. 한국을 포함해 프랑스, 캐나다, 호주, 독일, 미국, 일본, 유럽연합, 뉴질랜드 등 총 14개 창립회원이 함께 발족했다. GPAI에는 각국의 과학계와 산업계, 시민사회, 정부기관 및 국제기구의 AI전문가 등 이해관계자가 참여하며 전문가그룹 및 주제별 작업반을 통해 AI 관련 이슈 및 우수사례에 대한 이해를 제고하고 국제적 AI 이니셔티브를 공유한다.

이상에서 살펴본 인공지능과 자율무기체계의 규범 논의 과정에서 한 가지 주목할 것은 자율살상무기의 금지를 위한 윤리적 행보가 인공지능이나 로봇과 같은 4차 산업혁명 분야의 구체적인 기술 자체를 규제하거나 금지하려는 것은 아니라는 점이다. 그 대신 이러한 행보는 '안보화'의 정치논리를 내세우며, 군사적 목적을 위해서 특정 기술을 적용하려는 군사적 관행에 대한 반대의견의 표출이라고 볼 수 있다. 사실 자율살상무기 금지에 대한 논의에 이르면 모든 국가들은 비슷한 처지에 있다. 몇몇 나라들이 기술적인 면에서 앞서가고 있는 것은 사실이지만, 아직 그 보유국과 비보유국 간의 구별이 명확하지 않다. 이러한 상황에서 자율살상무기 금지 논쟁은 아직 본격적으로 불붙지 않았고, 특히 강대국들의 지정학적 이해관계로 인하여 본격적인 문제 제기 자체가 심히 제한되고 있다(Altmann and Sauer, 2017, pp. 132−133).

이러한 윤리규범적 문제 제기의 이면에는 인공지능을 탑재한 자율로봇으로 대변되는 '탈인간(post−human) 행위자'의 부상이 인간 정체성에 근본적인 문제를 제기한다는 고민이 존재한다. 다시 말해, 4차 산업혁명의 진전은 인간이 아닌 행위자들이 벌이는 전쟁의 가능성을 우려케 한다. 이러한 과정에서 인간 중심의 지평을 넘어서는 탈인간 세계정치의 부상이 거론된다. 아직은 '먼 미래'의 일이겠지만, 비인간(non−human) 또는 탈인간 행위자로서 인공지능 기반의 자율로봇은 인류의 물질적 조건을 변화시킬 뿐만 아니라, 인간을 중심으로 짜였던 근대 전쟁의 기본 전제를 완전히 바꾸고, 근대 국제정치의 기본 골격에 의문을 제기할 수도 있다. 이러한 과정에서 자율무기체계로 대변되는 기술 변수는 단순한 환경이나 도구 변수가 아니라 주체 변수로서, 미래전의 형식과 내용을 결정하고 더 나아가 미래 세계정치의 조건을 새로이 규정할 가능성이 있다(김상배, 2019).

V. 맺음말

최근 4차 산업혁명 분야의 신흥기술이 지닌 기술적·산업적·안보적 중요성이 크게 부각되고 있다. 이들 신흥기술은 민군겸용의 성격을 갖는 것이 대부분이어서 전통적인 군사안보의 시각에서도 보아도 중요할 뿐만 아니라 경제·산업이나 정보·데이터 분야와 같은 비군사적 신흥안보의 함의도 매우 크다. 인공지능은 이러한 신흥기술의 대표적인 사례이다. 그런데 국제정치학의 시각에서 보는 인공지능은 단순히 하나의 기술이 아니라 인공지능(AI)-알고리즘(Algorithm)-자율무기체계(AWS)의 복합체(통칭하여 AI알고리즘)라고 할 수 있다. 이 글은 AI알고리즘을 둘러싸고 벌어지는 패권경쟁을 기술-표준-규범의 3차원 경쟁이라는 시각에서 살펴보았다. 그러한 과정에서 발생하는 세계정치의 변화는 권력의 성격과 주체 및 질서의 변환이라는 세 가지 차원에서 파악된다.

첫째, AI알고리즘 패권경쟁은 권력게임의 성격 변화를 극명하게 보여주는 사례이다. 인공지능의 기술적·경제적·안보적 중요성이 커지면서 미국과 중국을 비롯한 주요국들은 인공지능 기술역량 배양을 위한 노력을 국가전략의 차원에서 진행하고 있다. AI 관련 국가전략서의 발표와 법제도의 정비 등을 통해서 AI알고리즘 패권경쟁에 임하는 대비 태세를 강화하고 있을 뿐만 아니라 AI전략을 단순한 기술·산업전략이 아닌 국가안보 전략의 차원에서 다루고 있다. 이러한 점에서 AI알고리즘 패권경쟁은 좀 더 넓은 의미에서 이해한 디지털 패권경쟁을 대변한다. 이러한 권력게임의 변화는 최근 글로벌 패권을 놓고 벌이는 미중경쟁에서 극명하게 드러나고 있다. 현재 AI 알고리즘 분야를 중심으로 살펴본 미중 기술패권 경쟁은 미국이 여전히 우위를 보이는 가운데 중국이 다방면에서 맹렬히 추격하는 모습이다.

둘째, AI알고리즘 패권경쟁이 야기하는 권력변환의 양상을 파악하는 또 다른 포인트는 권력주체의 변환이다. AI알고리즘 패권경쟁의 실질적 주역은 국가 행위자가 아닌 민간기업들이다. 이들 기업 간 경쟁은 단순히 기술자원의 확보를 놓고서 벌이는 경쟁의 차원을 넘어선다. 최근 AI알고리즘 경쟁은 AI 설계역량과 데이터의 확보를 바탕으로 해서 이 분야의 플랫폼을 장악하려는 표준경쟁이다. GAFA와 BATH로 대변되는 미국과 중국의 IT기업들이 벌이는 최근의 경쟁은 이러한 면모를 보여준다. 이들 기업의 알고리즘 권력 비대화에 대한 우려가 제기되는 가운데 미중을 비롯한 주요국들은 AI규제 원칙을 제시하고 있는데, 이러한 원칙에서 드러나는 각국의 견해차는 각국의 정책과 제도의 차이를 반영하기도 한다. 최근 중국의 안면인식 AI와 관련된 미중 갈등은 이러한 정책·제도를 둘러싼 일종의 표준경쟁의 면모를 보여준다.

끝으로, 가장 포괄적인 의미에서 본 AI알고리즘 패권경쟁은 윤리·규범적 차원에서 킬러로봇으로 대변되는 자율살상무기의 개발을 규제하는 국제규범의 모색 과정에서 나타나고 있다. 자율살상무기의 규제 담론은 글로벌 시민운동의 차원에서 생성되어 전파되었으며, 유엔 등의 국제기구들이 이를 수용하면서 확산되고 있다. 유엔

LAWS GGE에서 진행된 자율살상무기 규범 논의는 이 분야의 기술 선도국과 개도국 그룹 간의 입장 차를 극명하게 보여주었다. 그런데 자율살상무기의 금지를 위한 윤리·규범적 문제 제기가 거세게 제기 되고 있음에도 각국은 인공지능이나 로봇과 같은 4차 산업혁명 분 야의 신흥기술개발을 위한 노력을 멈추지 않고 있다. 이러한 과정에 서 자율로봇으로 대변되는 탈인간(post-human) 행위자의 부상이 인 간의 정체성에 근본적인 문제를 제기한다는 목소리도 커지고 있다.

인공지능 기반의 알고리즘과 자율로봇의 적용은 인류의 물질적 조건을 변화시킬 뿐만 아니라, 인간을 중심으로 짜였던 세계정치의 기본 전제에 의문을 제기할 수도 있다. AI알고리즘의 중요성이 커지 는 만큼 국가 간 또는 기업 간 패권경쟁의 추세는 지속될 것으로 보 인다. 특히 인공지능-알고리즘-자율무기체계와 관련된 신흥기술은 미중이 벌이는 디지털 패권경쟁의 핵심으로 자리잡을 것으로 예상 된다. 이렇게 AI알고리즘을 놓고 미국과 중국이 벌이는 디지털 패권 경쟁은 코로나19 이후 비대면 환경의 도래와 함께 더욱 복잡하게 진 행되고 있다(김지혜·안명옥, 2020). 이러한 과정에서 그 기술적·산업 적·안보적 함의와 윤리적 규제 문제가 크게 부각될 것은 명약관화 하다. 이러한 과정에서 AI와 관련된 국내외의 제도와 규범의 주도권 을 둘러싼 경쟁도 가세할 것이다.

AI알고리즘을 놓고 벌이는 세계정치의 변환에 대응하여 한국도 이 분야의 국가전략을 본격적으로 고민해야 한다. 무엇보다도 AI알 고리즘을 단순한 기술과 산업의 대상으로 보는 시각을 넘어서 국가 안보의 차원에서 이해하는 종합적 인식이 필요하다. 그렇다고 군사안보의 시각에서 AI알고리즘을 이해하는 전통적인 발상으로 돌아가자는 말은 아니다. '신흥안보'의 함의를 지닌 '신흥기술'을 놓고 벌이는 '신흥권력'(emerging power)의 세계정치를 이해하는 것이 중요하다. 이러한 과정에서 AI알고리즘 패권경쟁의 성격과 미래에 대한 이해는 새로운 대응전략을 모색하는 핵심 요소가 될 것이다.

참고문헌

김상배. 2014. 『아라크네의 국제정치학: 네트워크 세계정치이론의 도전』. 한울.

김상배. 2018. "인공지능, 권력변환, 세계정치: 새로운 거버넌스의 모색." 조현석·김상배 외. 『인공지능, 권력변환과 세계정치』, 삼인, pp. 15-47.

김상배. 2019. "미래전의 진화와 국제정치의 변환: 자율무기체계의 복합지정학." 『국방연구』 62(3), pp. 93-118.

김상배. 2020. "4차 산업혁명과 첨단 방위산업 경쟁: 신흥권력론으로 본 세계정치의 변환." 『국제정치논총』 60(2), pp. 87-131.

김준연. 2020. "인공지능 시대의 미-중 기술패권: ③ 미-중 AI기술패권을 바라보는 5가지 관전 포인트." 『컴퓨터월드』, 1월 31일.

김지혜·안명옥. 2020. "코로나19 전후 미중 AI 기술 패권 경쟁." 『인공지능, 코로나19를 만나다: 코로나19로 되짚어보는 AI의 현재와 미래』. AI Trend Watch, 2020-4호, 4월 15일.

민병원. 2017. "4차 산업혁명과 군사안보전략." 김상배 편. 『4차 산업혁명과 한국의 미래전략』, 사회평론, pp. 143-179.

박세정. 2019. "중국 AI 굴기 시대를 대비하라." 《전자신문》, 9월 10일.

신성호. 2019. "자율무기에 대한 국제사회 논쟁과 동북아." 『국제·지역연구』, 28(1), pp. 1-28.

유승화. 2017. "AI 알고리즘 표준 만들어야." 《디지털타임스》, 1월 4일.

유준구. 2019. "신기술안보." 『글로벌 新안보 REVIEW: 환경안보, 인간안보, 기술안보』. 국가안보전략연구원, pp. 199-228.

이승훈. 2016. "인공지능 플랫폼 경쟁이 시작되고 있다." 『LG Business In-sight』, 5월 11일.

이원태·김정언·선지원·이시직. 2018. 『4차 산업혁명 시대 산업별 인공지능 윤리의 이슈 분석 및 정책적 대응방안 연구』. 4차산업혁명위원회.

장기영. 2020. "'킬러로봇' 규범을 둘러싼 국제적 갈등: 국제규범 창설자 vs. 국제규범 반대자." 김상배 편. 『4차 산업혁명과 신흥 군사안보: 미래전의 진화와 국제정치의 변환』, 한울엠플러스, pp. 362−384.

조동준. 2020. "첨단 방위산업의 국제규범." 서울대학교 국제문제연구소 미래전연구센터 워킹페이퍼, No. 52, 7월 6일.

조현석. 2018. "인공지능, 자율무기 체계와 미래 전쟁의 변화." 조현석·김상배 외. 『인공지능, 권력변환과 세계정치』, 삼인, pp. 217−266.

홍석윤. 2019. "미국, 중국 AI기술 기업 견제 시작됐다."《이코노믹리뷰》, 10월 10일.

Allen, Gregory C., Michael C. Horowitz, Elsa Kania, and Paul Scharre. 2018. "Strategic Competition in an Era of Artificial Intelligence." Center for a New American Security: Artificial Intelligence and International Security Series 3.

Altmann, Jürgen, and Frank Sauer. 2017. "Autonomous Weapon Systems and Strategic Stability." *Survival* 59(5), pp. 117−142.

Arkin, Ronald C. 2009. "Ethical Robots in Warfare." Georgia Institute of Technology, College of Computing, Mobile Robot Lab.

Bode, Ingvild and Hendrik Huelss. 2018. "Autonomous Weapons Systems and Changing Norms in International Relations." *Review of Interna-

tional Studies 44(3), pp. 393−413.

Butcher, James and Irakli Beridze. 2019. "What is the State of Artificial Intelligence Governance Globally?" *The RUSI Journal* 164(5−6), pp. 88−96.

Carpenter, Charli. 2016. "Rethinking the Political/−Science−/Fiction Nexus: Global Policy Making and the Campaign to Stop Killer Robots." *Perspectives on Politics,* 14(1), pp. 53−69.

Dear, Keith. 2019. "Will Russia Rule the World Through AI? Assessing Putin's Rhetoric Against Russia's Reality." *The RUSI Journal* 164(5−6), pp. 36−60.

Demchak, Chris C. 2019. "China: Determined to Dominate Cyberspace and AI." *Bulletin of the Atomic Scientists,* 75(3), pp. 99−104.

Garcia, Denise. 2018. "Lethal Artificial Intelligence and Change: The Future of International Peace and Security." *International Studies Review,* 20, pp. 334−341.

Gill, Amandeep Singh. 2019. "Artificial Intelligence and International Security: the Long View." *Ethics & International Affairs,* 33(2), pp. 169−179.

Haner, Justin and Denise Garcia, 2019. "The Artificial Intelligence Arms Race: Trends and World Leaders in Autonomous Weapons Development," *Global Policy,* 10(3), pp. 331−337.

Jensen, Benjamin M., Christopher Whyte, and Scott Cuomo. 2019. "Algorithms at War: The Promise, Peril, and Limits of Artificial Intelligence." *International Studies Review,* https://doi.org/10.1093/isr/viz025. (June 24, 2019).

Johnson, James. 2019a. "The End of Military—Techno *Pax Americana?* Washington's Strategic Responses to Chinese AI—enabled Military Technology." *The Pacific Review.* DOI: 10.1080/09512748.2019.1676299.

Johnson, James. 2019b. "Artificial Intelligence & Future Warfare: Implications for International Security." *Defense & Security Analysis,* 35(2), pp. 147—169.

Kania, Elsa B. 2019. "Chinese Military Innovation in the AI Revolution." *The RUSI Journal,* 164(5—6), pp. 26—34.

Koppelman, Ben. 2019. "How Would Future Autonomous Weapon Systems Challenge Current Governance Norms?" *The RUSI Journal,* 164(5—6), pp. 98—109.

Mori, Satoru. 2019. "US Technological Competition with China: The Military, Industrial and Digital Network Dimensions." *Asia-Pacific Review,* 26(1), pp. 77—120.

Sharkey, Noel. 2008. "The Ethical Frontiers of Robotics." *Science,* 322(5909), Dec. 19.

알고리즘의 정치학

발행일 1쇄 2021년 9월 30일
엮은이 한국정치학회
지은이 박성원 · 윤종빈 · 황성수 · 은종환 · 고선규 · 김상배
펴낸이 여국동

펴낸곳 도서출판 인간사랑
출판등록 1983. 1. 26. 제일 – 3호
주소 경기도 고양시 일산동구 백석로 108번길 60 – 5 2층
물류센타 경기도 고양시 일산동구 문원길 13 – 34(문봉동)
전화 031)901 – 8144(대표) | 031)907 – 2003(영업부)
팩스 031)905 – 5815
전자우편 igsr@naver.com
페이스북 http://www.facebook.com/igsrpub
블로그 http://blog.naver.com/igsr
인쇄 하정인쇄 **출력** 현대미디어 **종이** 세원지업사

ISBN 978 – 89 – 7418 – 420 – 9 93340